8° R 9070

ORMULAIRE

A L'USAGE

DES ASPIRANTS AU BACCALAURÉAT ÈS SCIENCES

ET AU BACCALAURÉAT DE L'ENSEIGNEMENT SECONDAIRE SPÉCIAL

DES CANDIDATS AUX ÉCOLES DU GOUVERNEMENT

ET DES ÉLÈVES DES ÉCOLES NORMALES

QUATRIÈME ÉDITION

PARIS

LIBRAIRIE NONY & Cⁱᵉ

17, RUE DES ÉCOLES, 17

1889

TABLE DES MATIÈRES

MATHÉMATIQUES

PHYSIQUE

CHIMIE minérale

CHIMIE organique

ANNEXES

Le présent FORMULAIRE se vend broché au prix de . . . . . 1 fr.
Relié, toile anglaise, cartonnage souple, au prix de . . . . . 1 fr. 50

DÉPÔT LÉGAL.
Seine
N° 720
1889

FORMULAIRE

à l'usage

DES ASPIRANTS AU BACCALAURÉAT ÈS SCIENCES ET AU BACCALAURÉAT DE L'ENSEIGNEMENT SPÉCIAL,
DES CANDIDATS AUX ÉCOLES DU GOUVERNEMENT ET DES ÉLÈVES DES ÉCOLES NORMALES

ARITHMÉTIQUE

Caractères de divisibilité par 2, 3, 4, 5, 8, 9, 11.

Un nombre est divisible par :

2 Quand le chiffre des unités est pair.

3 Quand la somme de ses chiffres forme un nombre divisible par 3.

4 Quand le chiffre des unités augmenté du double du chiffre des dizaines donne une somme divisible par 4.

5 Quand le chiffre des unités est 0 ou 5.

8 Quand le chiffre des unités augmenté du double du chiffre des dizaines et du quadruple du chiffre des centaines donne une somme divisible par 8.

9 Quand la somme de ses chiffres forme un nombre divisible par 9.

11 Quand la somme des chiffres de rang impair, à partir de la droite, diminuée de la somme des chiffres de rang pair, donne un reste divisible par 11.

(On augmente la première somme d'un multiple de 11 lorsqu'elle est inférieure à la seconde.)

EXEMPLES :

528 est divisible par 3, parce que $5 + 2 + 8 = 15 =$ multiple de 3.

356 est divisible par 4, parce que
$6 + 2 \times 5 =$ multiple de 4.

376 est divisible par 8, parce que
$6 + 2 \times 7 + 4 \times 3 = 32 =$ multiple de 8.

3547 n'est pas divisible par 9, parce que $3 + 5 + 4 + 7 = 19$, qui est un multiple de 9, plus 1. (Le reste de la division est 1.)

5812472 n'est pas divisible par 11, parce que
$2+4+4+5$ (augmenté de 11) $= 23$
moins $7 + 2 + 8 = \underline{17}$

donne pour reste $\underline{6}$
(Le reste de la division est 6.)

Preuve par 9 de la multiplication.

On porte en (c) le reste de la division par 9 du produit $(a) \times (b)$.

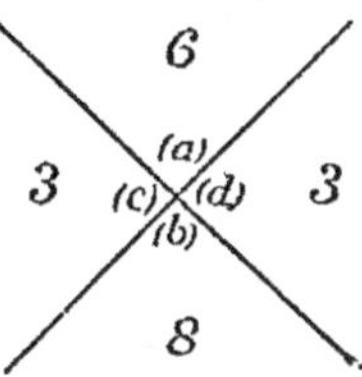

67254 le reste de la division par 9 est 6, que l'on reporte en (a)
863 — — 9 est 8 — (b)

$$\begin{array}{r} 201762 \\ 403524 \\ 538032 \\ \hline 58040202 \end{array}$$

— — 9 est 3 On le reporte en (d), et, s'il est égal à (c), il y a *forte présomption* que l'opération est juste.

Plus grand commun diviseur et plus petit commun multiple.

EXEMPLE :

$$\begin{array}{ll} 8424 = 2^3.3^4. & 13 \\ 2322 = 2\ .3^3. & \quad 43 \\ 180 = 2^2.3^2.5 \\ 126 = 2\ .3^2.\ 7 \end{array}$$

p. g. c. d. $= 2\ .3^2 = 18$
p. p. c. m. $= 2^3.3^4.5.7.13.43 = 12678120.$

Nombres premiers à essayer pour reconnaître si un nombre donné est premier.

Entre 10 et 100 : 2, 3, 5, 7.
Entre 100 et 1000 : 2, 3, 5, 7, 11, 13, 17, 19, 23, 29 et 31.

On ne peut pas avoir d'autres nombres que ceux-là à essayer : mais il est inutile de les essayer tous. On doit s'arrêter dès que l'on arrive à un quotient entier égal ou inférieur au dernier diviseur employé. On peut affirmer alors que le nombre est premier.

Conversion de fractions décimales périodiques en fractions ordinaires.

EXEMPLES :

Fraction périodique simple.

$$0,565656\ldots = \frac{56}{99}.$$

Fraction périodique mixte.

$$0,36528528\ldots = \frac{36528-36}{99900} = \frac{36492}{99900}.$$

Extraction de racine carrée (EXEMPLE : 9876543,21).

* Ces produits ne doivent pas s'écrire; on retranche mentalement.

```
9.87.65.43,21 | 3142,6
*9            |
  ‾‾          | 6.1
   87         | 1
  *6 1        | ‾‾‾
  ‾‾‾‾        | 62.4
   2665       | 4
  *2496       | ‾‾‾
  ‾‾‾‾‾       | 628.2
   16943      | 2
  *12564      | ‾‾‾‾
  ‾‾‾‾‾‾      | 62846
   43792,1    | 6
  *377076     |
Reste  608,45 |
```

Extraction de racine carrée à moins de $\frac{1}{n}$ près

Soit à évaluer la racine carrée de 19 à $\frac{1}{5}$ près.

C'est le nombre $\frac{x}{5}$ tel que l'on ait

$$\left(\frac{x}{5}\right)^2 < 19 < \left(\frac{x+1}{5}\right)^2.$$

On déduit de là $\quad x^2 < 19 \times 25 < (x+1)^2$,
et l'on voit que x est la racine carrée de 475 à 1 près ; $x = 21$.

La racine cherchée est $\frac{21}{5}$.

Extraction de racine cubique à moins de $\frac{1}{n}$ près.

Soit à évaluer la racine cubique de 19 à $\frac{1}{5}$ près.

C'est le nombre $\frac{x}{5}$ tel que l'on ait

$$\left(\frac{x}{5}\right)^3 < 19 < \left(\frac{x+1}{5}\right)^3.$$

On déduit de là $\quad x^3 < 19 \times 125 < (x+1)^3$,
et l'on voit que x est la racine cubique de 2375 à 1 près ; $x = 13$.

La racine cherchée est $\frac{13}{5}$.

Formule de l'intérêt simple.

a, capital.

t, taux de l'intérêt.

n, durée du placement (en jours).

i, intérêt du capital.

$$i = \frac{atn}{36000}.$$

Formules d'escompte.

a, valeur du billet à l'échéance.

t, taux de l'intérêt.

n, nombre de jours depuis le jour de l'escompte jusqu'à l'échéance.

n', nombre de jours entre la signature et l'échéance du billet.

e, escompte.

Escompte en dehors : $e = \dfrac{atn}{36000}.$

Escompte en dedans : $e = \dfrac{atn}{36000 + n't'}$

ALGÈBRE

Divisibilité exprimée par $\dfrac{a^m \pm b^m}{a \pm b}$.

$a^m - b^m$ est toujours divisible par $a - b$.

$a^m - b^m$ est   divisible par $a + b$ quand m est pair.

$a^m + b^m$ n'est jamais divisible par $a - b$.

$a^m + b^m$ est   divisible par $a + b$ quand m est impair.

Cas particuliers intéressants $\begin{cases} a^2 - b^2 = (a - b)(a + b). \\ a^3 - b^3 = (a - b)(a^2 + ab + b^2). \\ a^3 + b^3 = (a + b)(a^2 - ab + b^2). \end{cases}$

Résolution d'un système d'équations du premier degré à deux inconnues.

$$\begin{array}{l} ax + by = c \\ a'x + b'y = c' \end{array} \qquad x = \frac{cb' - bc'}{ab' - ba'}, \qquad y = \frac{ac' - ca'}{ab' - ba'}.$$

Résolution d'un système d'équations du premier degré à trois inconnues.

$$ax + by + cz = d, \quad a'x + b'y + c'z = d', \quad a''x + b''y + c''z = d''.$$

Les valeurs de x, y, z se présentent sous forme de fraction ayant pour dénominateur commun

$$ab'c'' - ac'b'' + ca'b'' - ba'c'' + bc'a'' - cb'a''.$$

Le numérateur de x se déduit du dénominateur en remplaçant a, a', a'' par d, d', d''.

$$\begin{array}{lll} - & y & - \qquad\qquad - \qquad\qquad b, b', b'' - d, d', d''. \\ - & z & - \qquad\qquad - \qquad\qquad c, c', c'' - d, d', d''. \end{array}$$

Résolution de l'équation du second degré à une inconnue : $ax^2 + bx + c = 0$.

$$x' = \frac{-b - \sqrt{b^2 - 4ac}}{2a}, \qquad x'' = \frac{-b + \sqrt{b^2 - 4ac}}{2a}.$$

$$b^2 - 4ac \begin{cases} > 0 & \text{racines réelles et distinctes.} \\ = 0 & \text{racines égales.} \\ < 0 & \text{racines imaginaires.} \end{cases}$$

Formes remarquables sous lesquelles on peut mettre le premier membre de l'équation du second degré.

$$b^2 - 4ac \begin{cases} > 0 & a(x - x')(x - x'') \\ = 0 & a(x - x')^2 \\ < 0 & a(M^2 + N^2) \end{cases}$$

Résolution des inéquations du second degré.

Les ramener à la forme $ax^2 + bx + c > 0$.

Différents cas	SOLUTIONS	
	$a > 0$	$a < 0$
$b^2 - 4ac > 0$	Tous les nombres extérieurs à l'intervalle x' x''	Tous les nombres compris entre x' et x''
$b^2 - 4ac = 0$	Tous les nombres excepté x'	Pas de solution
$b^2 - 4ac < 0$	Tous les nombres	Pas de solution

Relations entre les coefficients et les racines de l'équation du second degré.

$$\text{Forme de l'équation} \begin{cases} x^2 + px + q = 0 & \text{Relations :} \quad x' + x'' = -p, \quad x'x'' = q, \\ ax^2 + bx + c = 0 & \text{Relations :} \quad a' + a'' = -\dfrac{b}{a}, \quad a'x'' = \dfrac{c}{a}, \end{cases}$$

Transformation du radical composé $\sqrt{A \pm \sqrt{B}}$.

$$\sqrt{A + \sqrt{B}} = \sqrt{\dfrac{A + \sqrt{A^2 - B}}{2}} + \sqrt{\dfrac{A - \sqrt{A^2 - B}}{2}}$$

$$\sqrt{A - \sqrt{B}} = \sqrt{\dfrac{A + \sqrt{A^2 - B}}{2}} - \sqrt{\dfrac{A - \sqrt{A^2 - B}}{2}}$$

Le radical composé se transforme en une somme de deux radicaux simples lorsque $A^2 - B$ est un carré parfait.

Opérations permises sur les inégalités.

De l'inégalité $a > b,$ on peut déduire les suivantes :

	lorsque	est
$a + m > b + m$	m	quelconque
$am > bm$	m	$+$
$am < bm$	m	$-$
$a^{2n+1} > b^{2n+1}$	a et b	quelconque
$a^{2n} > b^{2n}$	a et b	$+$
$a^{2n} < b^{2n}$	a et b	$-$
$\sqrt[2n+1]{a} > \sqrt[2n+1]{b}$	a et b	quelconque
$\left.\begin{array}{l} \sqrt[2n]{a} > \sqrt[2n]{b} \\ -\sqrt[2n]{a} < -\sqrt[2n]{b} \end{array}\right\}$	a et b	$+$

Inégalités simultanées.

Des deux inégalités de même sens

$$a > b, \qquad c > d,$$

on peut déduire $\quad a + c > b + d$

$$ac > bd \quad \text{si } b \text{ et } c \text{ sont positifs,}$$
$$ac < bd \quad \text{si } b \text{ et } c \text{ sont négatifs.}$$

Des deux inégalités de sens contraire

$$a > b, \qquad c < d,$$

on peut déduire $\quad \dfrac{a}{c} > \dfrac{b}{d} \quad$ si a, b, c, d sont positifs.

$$\dfrac{a}{c} < \dfrac{b}{d} \quad \text{si } a, b, c, d \text{ sont négatifs.}$$

Maximum et minimum du trinôme $ax^2 + bx + c$.

On a
$$ax^2 + bx + c = a\left[\left(x + \frac{b}{2a}\right)^2 + \frac{4ac - b^2}{4a^2}\right].$$

a positif $\begin{cases} \text{pas de maximum} \\ \text{minimum pour } x = -\dfrac{b}{2a} \end{cases}$

a négatif $\begin{cases} \text{maximum pour } x = -\dfrac{b}{2a} \\ \text{pas de minimum.} \end{cases}$

$\Bigg\}$ valeur du minimum ou du maximum :
$$\frac{4ac - b^2}{4a}.$$

Maximum d'un produit de plusieurs facteurs.

Si
$$x + y + z + \ldots = \text{const.},$$
le produit
$$x^\alpha y^\beta z^\gamma \ldots$$
est maximum pour
$$\frac{x}{\alpha} = \frac{y}{\beta} = \frac{z}{\gamma} = \ldots$$

Progressions arithmétiques.

a, premier terme.

r, raison.

l, dernier terme.

n, nombre des termes.

S, somme des termes.

$$l = a + (n - 1)r$$
$$S = \frac{(a + l)n}{2}$$
$$S = \frac{[2a + (n - 1)r]n}{2}$$

Progressions géométriques.

a, premier terme.

q, raison.

l, dernier terme.

n, nombre des termes.

S, somme des termes.

Σ, limite de la somme des termes d'une progression indéfiniment décroissante.

$$l = aq^{n-1}$$
$$S = \frac{lq - a}{q - 1} = \frac{a(q^n - 1)}{q - 1}$$
$$\Sigma = \frac{a}{1 - q}$$

Intérêts composés.

A, ce que devient un capital C placé à intérêts composés pendant n années et k jours, au taux de r pour franc, l'année ayant t jours.

$$A = C(1 + r)^n\left(1 + \frac{kr}{t}\right)$$

Annuités.

a, annuité qu'il faut payer à la fin de chaque année, pendant n années, pour amortir une dette C.

$$a = \frac{Cr(1 + r)^n}{(1 + r)^n - 1}.$$

GÉOMÉTRIE

Polygones réguliers (de côté c).

POLYGONES	CONVEXES			ÉTOILÉS
	RAYON DU CERCLE CIRCONSCRIT	APOTHÈME	SURFACE	RAYON DU CERCLE CIRCONSCRIT
Triangle	$\frac{1}{3} c \sqrt{3}$	$\frac{1}{6} c \sqrt{3}$	$\frac{1}{4} c^2 \sqrt{3}$	
Carré	$\frac{1}{2} c \sqrt{2}$	$\frac{1}{2} c$	c^2	
Pentagone	$\frac{1}{10} c \sqrt{50+10\sqrt{5}}$	$\frac{1}{10} c \sqrt{25+10\sqrt{5}}$	$\frac{1}{4} c^2 \sqrt{25+10\sqrt{5}}$	$\frac{1}{10} c \sqrt{50-10\sqrt{5}}$
Hexagone	c	$\frac{1}{2} c \sqrt{3}$	$\frac{3}{2} c^2 \sqrt{3}$	
Octogone	$\frac{1}{2} c \sqrt{4+2\sqrt{2}}$	$\frac{1}{2} c (1+\sqrt{2})$	$2 c^2 (\sqrt{2}+1)$	$\frac{1}{2} c \sqrt{4-2\sqrt{2}}$
Décagone	$\frac{1}{2} c (\sqrt{5}+1)$	$\frac{1}{2} c \sqrt{5+2\sqrt{5}}$	$\frac{5}{2} c^2 \sqrt{5+2\sqrt{5}}$	$\frac{1}{2} c (\sqrt{5}-1)$
Dodécagone	$\frac{1}{2} c (\sqrt{6}+\sqrt{2})$	$\frac{1}{2} c (2+\sqrt{3})$	$3 c^2 (2+\sqrt{3})$	$\frac{1}{2} c (\sqrt{6}-\sqrt{2})$

Polygones réguliers (inscrits dans un cercle de rayon R).

POLYGONES	CONVEXES			ÉTOILÉS
	CÔTÉ	APOTHÈME	SURFACE	CÔTÉ
Triangle	$R \sqrt{3}$	$\frac{1}{2} R$	$\frac{3}{4} R^2 \sqrt{3}$	
Carré	$R \sqrt{2}$	$\frac{1}{2} R \sqrt{2}$	$2 R^2$	
Pentagone	$\frac{1}{2} R \sqrt{10-2\sqrt{5}}$	$\frac{1}{4} R (\sqrt{5}+1)$	$\frac{5}{8} R^2 \sqrt{10+2\sqrt{5}}$	$\frac{1}{2} R \sqrt{10+2\sqrt{5}}$
Hexagone	R	$\frac{1}{2} R \sqrt{3}$	$\frac{3}{2} R^2 \sqrt{3}$	
Octogone	$R \sqrt{2-\sqrt{2}}$	$\frac{1}{2} R \sqrt{2+\sqrt{2}}$	$2 R^2 \sqrt{2}$	$R \sqrt{2+\sqrt{2}}$
Décagone	$\frac{1}{2} R (\sqrt{5}-1)$	$\frac{1}{4} R \sqrt{10+2\sqrt{5}}$	$\frac{5}{4} R^2 \sqrt{10-2\sqrt{5}}$	$\frac{1}{2} R (\sqrt{5}+1)$
Dodécagone	$\frac{1}{2} R (\sqrt{6}-\sqrt{2})$	$\frac{1}{4} R (\sqrt{6}+\sqrt{2})$	$3 R^2$	$\frac{1}{2} R (\sqrt{6}+\sqrt{2})$

Rapport de la circonférence au diamètre.

$$\pi = 3,\ 14159\ 26535\ 89793\ 23846\ 26433\ 83279\ 50288$$

Moyen de retrouver les premiers chiffres de π :

Écrire le vers ci-dessous et totaliser le nombre des lettres de chaque mot.

Que j'aime à faire apprendre un nombre utile aux sages!

3, 1 4 1 5   9   2 6   5 3 5

Aires.

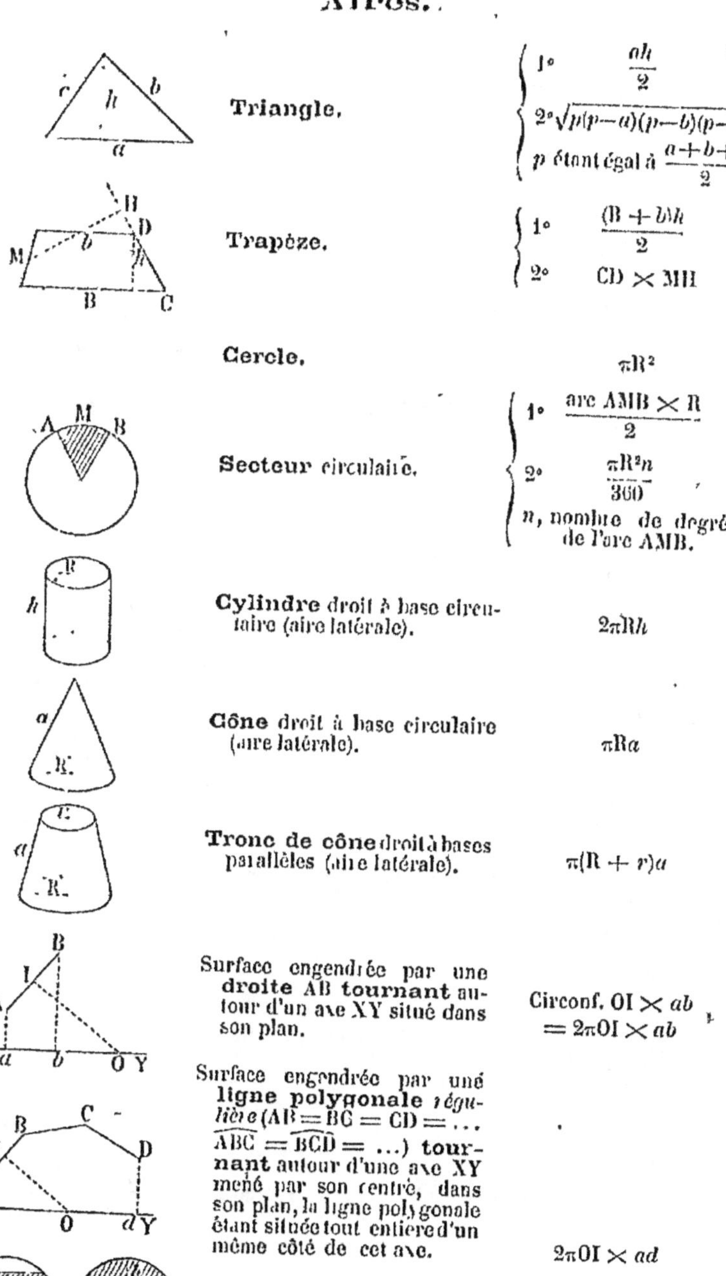

Triangle.	$1°\ \dfrac{ah}{2}$ $2°\ \sqrt{p(p-a)(p-b)(p-c)}$ p étant égal à $\dfrac{a+b+c}{2}$
Trapèze.	$1°\ \dfrac{(B+b)h}{2}$ $2°\ CD \times MH$
Cercle.	πR^2
Secteur circulaire.	$1°\ \dfrac{\text{arc AMB} \times R}{2}$ $2°\ \dfrac{\pi R^2 n}{360}$ n, nombre de degrés de l'arc AMB.
Cylindre droit à base circulaire (aire latérale).	$2\pi Rh$
Cône droit à base circulaire (aire latérale).	πRa
Tronc de cône droit à bases parallèles (aire latérale).	$\pi(R+r)a$
Surface engendrée par une **droite AB tournant** autour d'un axe XY situé dans son plan.	Circonf. $OI \times ab$ $= 2\pi OI \times ab$
Surface engendrée par une **ligne polygonale** _régulière_ (AB = BC = CD = … $\widehat{ABC} = \widehat{BCD} = …$) **tournant** autour d'une axe XY mené par son centre, dans son plan, la ligne polygonale étant située tout entière d'un même côté de cet axe.	$2\pi OI \times ad$
Zone.	$2\pi Rh$
Sphère.	$4\pi R^2$

Volumes.

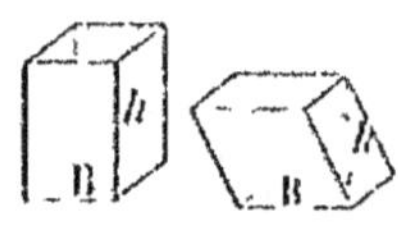

Parallélipipède. $\qquad$ Bh

Prisme droit. $\qquad$ Bh

Prisme oblique.
$$\begin{cases} 1^o \quad Bh \\ 2^o \quad Sa \end{cases}$$
(S, section droite.)

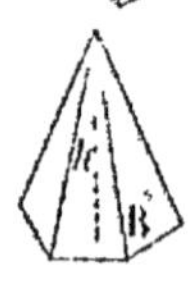

Pyramide. $\qquad \dfrac{1}{3}Bh$

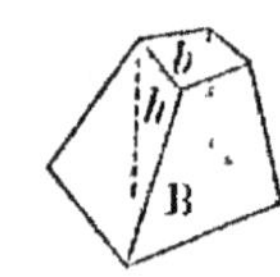

Tronc de pyramide à bases parallèles.
$$\begin{cases} 1^o \quad \dfrac{h}{3}\left(B + b + \sqrt{Bb}\right) \\ 2^o \quad \dfrac{Bh}{3}\left(1 + k + k^2\right) \end{cases}$$
(k, rapport d'un côté de la petite base au côté homologue de la grande.)

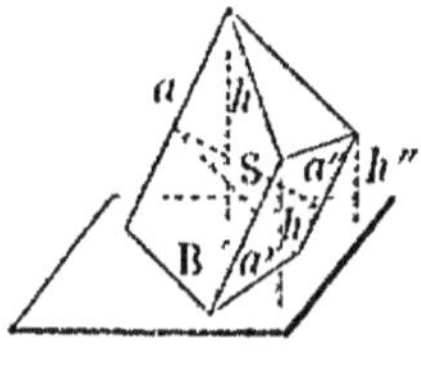

Tronc de prisme triangulaire.
$$\begin{cases} 1^o \quad B\left(\dfrac{h + h' + h''}{3}\right) \\ 2^o \quad S\left(\dfrac{a + a' + a''}{3}\right) \end{cases}$$
(S, section droite.)

Cylindre droit à base circulaire. $\qquad Bh = \pi R^2 h$

Cône droit à base circulaire. $\qquad \dfrac{Bh}{3} = \dfrac{\pi R^2 h}{3}$

Tronc de cône à bases parallèles. $\qquad \dfrac{\pi h}{3}\left(R^2 + r^2 + Rr\right)$

Volumes *(Suite).*

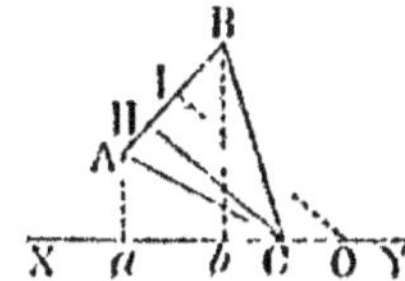

Volume engendré par un **triangle ABC tournant** autour d'un axe XY mené dans son plan par un de ses sommets.

$$\text{Surf. AB} \times \frac{CH}{3}$$
$$= 2\pi OI . ab . \frac{CH}{3}$$

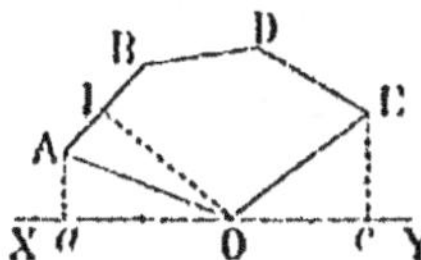

Volume engendré par un **secteur polygonal** *régulier* **OABDE tournant** autour d'un axe XY mené par son centre, dans son plan, extérieurement au secteur.

$$\frac{1}{3} OI . \text{surf. ABDE}$$
$$= \frac{2}{3} \pi OI^2 . ae$$

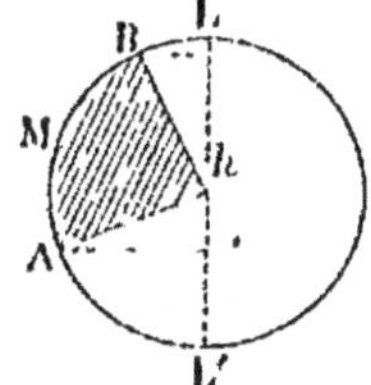

Secteur sphérique.
(Volume engendré par la rotation d'un secteur circulaire AMB autour d'un diamètre LL'.)

Zone engendrée par
$$AMB \times \frac{R}{3} = \frac{2}{3} \pi R^2 h$$

Sphère.

$$\frac{}{3} \pi R^3$$

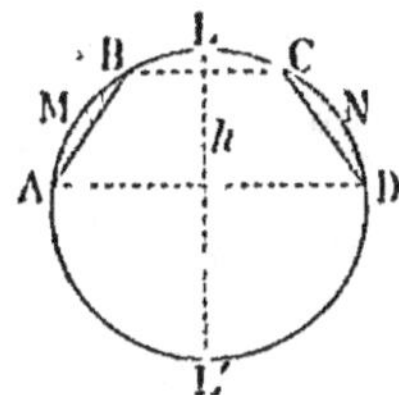

Volume engendré par la rotation d'un **Segment circulaire** AMB autour d'un diamètre LL'.
(C'est-à-dire : segment sphérique AMBCND diminué de tronc de cône ABCD.)

$$\frac{1}{6} \pi \overline{AB}^2 h$$

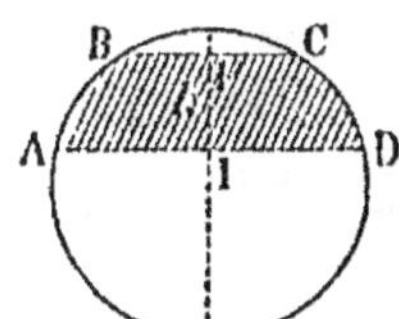

Segment sphérique.

$$\frac{1}{6} \pi h^3 + \frac{1}{2} \pi (\overline{AI}^2 + \overline{BI'}^2) h$$

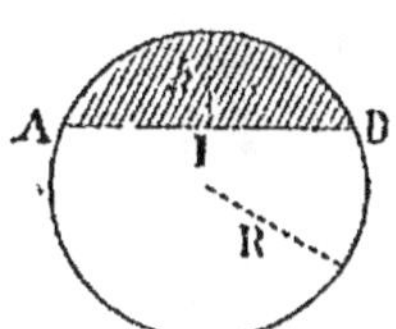

Segment sphérique à une base.

$$\begin{cases} 1^\circ \; \dfrac{1}{6} \pi h (h^2 + 3\overline{AI}^2) \\[2mm] 2^\circ \; \dfrac{1}{3} \pi h^2 (3R - h) \end{cases}$$

TRIGONOMÉTRIE

Signes des lignes trigonométriques d'arcs terminés aux différents quadrants.

	1er Quadrant.	2me Quadrant.	3me Quadrant.	4me Quadrant.
Sinus, cosécante	+	+	—	—
Tangente, cotangente. . .	+	—	+	—
Sécante, cosinus	+	—	—	+

Relations entre les lignes trigonométriques de certains arcs.

$$\sin (\pi + a) = - \sin a \qquad\qquad \operatorname{coséc} (\pi + a) = - \operatorname{coséc} a$$
$$\operatorname{tg} (\pi + a) = \operatorname{tg} a \qquad\qquad \operatorname{cotg} (\pi + a) = \operatorname{cotg} a$$
$$\cos (\pi + a) = - \cos a \qquad\qquad \operatorname{séc} (\pi + a) = - \operatorname{séc} a$$

$$\sin (\pi - a) = \sin a \qquad\qquad \operatorname{coséc} (\pi - a) = \operatorname{coséc} a$$
$$\operatorname{tg} (\pi - a) = - \operatorname{tg} a \qquad\qquad \operatorname{cotg} (\pi - a) = - \operatorname{cotg} a$$
$$\cos (\pi - a) = - \cos a \qquad\qquad \operatorname{séc} (\pi - a) = - \operatorname{séc} a$$

$$\sin \left(\frac{\pi}{2} + a\right) = \cos a \qquad\qquad \operatorname{coséc} \left(\frac{\pi}{2} + a\right) = \operatorname{séc} a$$

$$\operatorname{tg} \left(\frac{\pi}{2} + a\right) = - \operatorname{cotg} a \qquad\qquad \operatorname{cotg} \left(\frac{\pi}{2} + a\right) = - \operatorname{tg} a$$

$$\cos \left(\frac{\pi}{2} + a\right) = - \sin a \qquad\qquad \operatorname{séc} \left(\frac{\pi}{2} + a\right) = - \operatorname{coséc} a$$

Arcs répondant à une ligne trigonométrique donnée.

$$\text{De} \quad \sin x = \sin \alpha, \quad \text{on déduit} \quad x = \begin{cases} 2k\pi + \alpha \\ (2k + 1)\pi - \alpha \end{cases}$$
$$\cos x = \cos \alpha, \qquad\qquad x = 2k\pi \pm \alpha$$
$$\operatorname{tg} x = \operatorname{tg} \alpha, \qquad\qquad x = k\pi + \alpha$$
$$\operatorname{séc} x = \operatorname{séc} \alpha, \qquad\qquad x = 2k\pi \pm \alpha$$

Relations fondamentales.

$$\sin^2 a + \cos^2 a = 1, \quad \operatorname{tg} a = \frac{\sin a}{\cos a}, \quad \operatorname{séc} a = \frac{1}{\cos a}, \quad \operatorname{cotg} a = \frac{\cos a}{\sin a}, \quad \operatorname{coséc} a = \frac{1}{\sin a}.$$

Relations utiles, déduites des précédentes.

$$\operatorname{tg} a . \operatorname{cotg} a = 1, \qquad \sin a . \operatorname{coséc} a = 1, \qquad \cos a . \operatorname{séc} a = 1.$$
$$\operatorname{séc}^2 a = 1 + \operatorname{tg}^2 a, \qquad \operatorname{coséc}^2 a = 1 + \operatorname{cotg}^2 a$$
$$\cos a = \pm \frac{1}{\sqrt{1 + \operatorname{tg}^2 a}}, \qquad\qquad \sin a = \pm \frac{\operatorname{tg} a}{\sqrt{1 + \operatorname{tg}^2 a}},$$
$$\operatorname{séc} a = \pm \sqrt{1 + \operatorname{tg}^2 a}, \qquad\qquad \operatorname{coséc} a = \pm \frac{\sqrt{1 + \operatorname{tg}^2 a}}{\operatorname{tg} a}.$$

Addition, soustraction, multiplication et division des arcs.

$$\sin (a + b) = \sin a \cos b + \cos a \sin b \qquad \sin (a - b) = \sin a \cos b - \cos a \sin b$$
$$\cos (a + b) = \cos a \cos b - \sin a \sin b \qquad \cos (a - b) = \cos a \cos b + \sin a \sin b$$
$$\operatorname{tg} (a + b) = \frac{\operatorname{tg} a + \operatorname{tg} b}{1 - \operatorname{tg} a \operatorname{tg} b} \qquad \operatorname{tg} (a - b) = \frac{\operatorname{tg} a - \operatorname{tg} b}{1 + \operatorname{tg} a \operatorname{tg} b}$$

$$\sin (a+b+c) = \sin a \cos b \cos c + \sin b \cos a \cos c + \sin c \cos a \cos b - \sin a \sin b \sin c$$
$$\cos (a+b+c) = \cos a \cos b \cos c - \sin b \sin c \cos a - \sin a \sin c \cos b - \sin a \sin b \cos c$$
$$\operatorname{tg} (a + b + c) = \frac{\operatorname{tg} a + \operatorname{tg} b + \operatorname{tg} c - \operatorname{tg} a \operatorname{tg} b \operatorname{tg} c}{1 - \operatorname{tg} a \operatorname{tg} b - \operatorname{tg} b \operatorname{tg} c - \operatorname{tg} c \operatorname{tg} a}$$

$$\sin 2a = 2 \sin a \cos a, \qquad \cos 2a = \cos^2 a - \sin^2 a, \qquad \operatorname{tg} 2a = \frac{2 \operatorname{tg} a}{1 - \operatorname{tg}^2 a}$$
$$\sin 2a = \frac{2 \operatorname{tg} a}{1 + \operatorname{tg}^2 a}, \qquad \cos 2a = \frac{1 - \operatorname{tg}^2 a}{1 + \operatorname{tg}^2 a}, \qquad \sec 2a = \frac{1 + \operatorname{tg}^2 a}{1 - \operatorname{tg}^2 a}$$

$$\sin 3a = 3 \sin a - 4 \sin^3 a, \quad \cos 3a = 4 \cos^3 a - 3 \cos a, \quad \operatorname{tg} 3a = \frac{3 \operatorname{tg} a - \operatorname{tg}^3 a}{1 - 3 \operatorname{tg}^2 a}$$

$$\sin \frac{a}{2} = \pm \sqrt{\frac{1 - \cos a}{2}}, \qquad \cos \frac{a}{2} = \pm \sqrt{\frac{1 + \cos a}{2}}, \qquad \operatorname{tg} \frac{a}{2} = \pm \sqrt{\frac{1 - \cos a}{1 + \cos a}}$$

$$\sin \frac{a}{2} = \frac{1}{2} (\pm \sqrt{1 + \sin a} \pm \sqrt{1 - \sin a}), \ \cos \frac{a}{2} = \frac{1}{2} (\pm \sqrt{1 + \sin a} \mp \sqrt{1 - \sin a}), \ \operatorname{tg} \frac{a}{2} = \frac{-1 \pm \sqrt{1 + \operatorname{tg}^2 a}}{\operatorname{tg} a}$$

Valeur des lignes trigonométriques de certains arcs.

ARCS	SINUS	COSINUS	TANGENTE
15°	$\frac{1}{4}(\sqrt{6} - \sqrt{2})$	$\frac{1}{4}(\sqrt{6} + \sqrt{2})$	$2 - \sqrt{3}$
18°	$\frac{1}{4}(\sqrt{5} - 1)$	$\frac{1}{4}\sqrt{10 + 2\sqrt{5}}$	$\frac{1}{5}\sqrt{25 - 10\sqrt{5}}$
30°	$\frac{1}{2}$	$\frac{1}{2}\sqrt{3}$	$\frac{1}{3}\sqrt{3}$
36°	$\frac{1}{4}\sqrt{10 - 2\sqrt{5}}$	$\frac{1}{4}(\sqrt{5} + 1)$	$\sqrt{5 - 2\sqrt{5}}$
45°	$\frac{1}{2}\sqrt{2}$	$\frac{1}{2}\sqrt{2}$	1
60°	$\frac{1}{2}\sqrt{3}$	$\frac{1}{2}$	$\sqrt{3}$

En partant des données ci-dessus, on pourrait calculer les lignes trigonométriques de tous les arcs, de 3° en 3°, en observant que :

I. $3° = 18° - 15°$ $\quad$ $12° = 30° - 18°$ $\qquad$ II. $24° = 45° - 21°$ $\quad$ $39° = 45° - 6°$
$\quad$ $6° = 36° - 30°$ $\quad$ $21° = 36° - 15°$ $\qquad\qquad$ $33° = 45° - 12°$ $\quad$ $42° = 45° - 3°$
$\quad$ $9° = 45° - 36°$ $\quad$ $27° = 45° - 18°$

Les lignes trigonométriques des arcs supérieurs à 45° se déduisent des lignes trigonométriques des arcs complémentaires.

Formules de transformation.

$$\sin p + \sin q = 2 \sin \frac{p+q}{2} \cos \frac{p-q}{2} \qquad \sin p - \sin q = 2 \cos \frac{p+q}{2} \sin \frac{p-q}{2}$$

$$\cos p + \cos q = 2 \cos \frac{p+q}{2} \cos \frac{p-q}{2} \qquad \cos p - \cos q = -2 \sin \frac{p+q}{2} \sin \frac{p-q}{2}$$

$$\sin a \ \sin b = \frac{1}{2}[\cos (a - b) - \cos (a + b)]$$

$$\sin a \ \cos b = \frac{1}{2}[\sin (a + b) + \sin (a - b)]$$

$$\cos a \ \cos b = \frac{1}{2}[\cos (a - b) + \cos (a + b)]$$

$$\operatorname{tg} a + \operatorname{tg} b = \frac{\sin (a + b)}{\cos a \cos b} \qquad \operatorname{tg} a - \operatorname{tg} b = \frac{\sin (a - b)}{\cos a \cos b}$$

$$\operatorname{cotg} a + \operatorname{cotg} b = \frac{\sin (a + b)}{\sin a \sin b} \qquad \operatorname{cotg} a - \operatorname{cotg} b = -\frac{\sin (a - b)}{\sin a \sin b}$$

$$\sin a + \cos b = 2 \sin\left(\frac{\pi}{4} + \frac{a-b}{2}\right) \sin\left(\frac{\pi}{4} + \frac{a+b}{2}\right) \qquad \sin a - \cos b = -2 \sin\left(\frac{\pi}{4} - \frac{a-b}{2}\right) \sin\left(\frac{\pi}{4} - \frac{a+b}{2}\right)$$

$$1 + \cos a = 2 \cos^2 \frac{a}{2} \qquad 1 - \cos a = 2 \sin^2 \frac{a}{2}$$

$$1 + \sin a = 2 \cos^2 \left(\frac{\pi}{4} - \frac{a}{2}\right) \qquad 1 - \sin a = 2 \sin^2 \left(\frac{\pi}{4} - \frac{a}{2}\right)$$

$$\frac{1 - \cos a}{1 + \cos a} = \operatorname{tg}^2 \frac{a}{2} \qquad \frac{1 - \sin a}{1 + \sin a} = \operatorname{tg}^2 \left(\frac{\pi}{4} - \frac{a}{2}\right)$$

$$\frac{1 - \operatorname{tg} a}{1 + \operatorname{tg} a} = \operatorname{tg} \left(\frac{\pi}{4} - a\right)$$

Formules rendues logarithmiques.

FORMULES	CONDITIONS	ANGLES AUXILIAIRES	FORMULES RENDUES LOGARITHMIQUES
$a + b$	a et b quelconques	1re manière. $\operatorname{tg} \varphi = \frac{b}{a}$	$a + b = \dfrac{a \sin (45° + \varphi)}{\cos 45° \cos \varphi}$
	$a > 0$ $b > 0$	2me manière. $\operatorname{tg}^2 \varphi = \frac{b}{a}$	$a + b = \dfrac{a}{\cos^2 \varphi}$
	$a > b > 0$	3e manière. $\cos \varphi = \frac{b}{a}$	$a + b = 2a \cos^2 \frac{\varphi}{2}$
$a - b$	$a > 0$ $b > 0$	1re manière. $\sin^2 \varphi = \frac{b}{a}$	$a - b = a \cos^2 \varphi$
	$a > b > 0$	2me manière. $\cos \varphi = \frac{b}{a}$	$a - b = 2a \sin^2 \frac{\varphi}{2}$
$\sqrt{a^2 + b^2}$	$a > 0$ $b > 0$	$\operatorname{tg} \varphi = \frac{b}{a}$	$\sqrt{a^2 + b^2} = \dfrac{a}{\cos \varphi}$
$\sqrt{a^2 - b^2}$	$a > b > 0$	$\sin \varphi = \frac{b}{a}$	$\sqrt{a^2 - b^2} = a \cos \varphi$

Résolution des triangles quelconques.

CAS	DONNÉES	INCONNUES	FORMULES
1er Cas	a B C	A b c	$b = \dfrac{a \sin B}{\sin (B + C)},\qquad c = \dfrac{a \sin C}{\sin (B + C)}$ $A = 180^\circ - (B + C),\qquad S = \dfrac{a^2 \sin B \sin C}{2 \sin (B + C)}$
2e Cas	a b C	A B c	$\dfrac{A + B}{2} = 90^\circ - \dfrac{C}{2},\qquad \operatorname{tg} \dfrac{A - B}{2} = \dfrac{a - b}{a + b} \operatorname{cotg} \dfrac{C}{2}$ $c = \dfrac{(a + b) \sin \dfrac{C}{2}}{\cos \dfrac{A - B}{2}} = \dfrac{(a - b) \cos \dfrac{C}{2}}{\sin \dfrac{A - B}{2}},\qquad S = \dfrac{ab \sin C}{2}$
3e Cas (cas douteux)	a b A	C B c	$\sin B = \dfrac{b \sin A}{a},\qquad C = 180^\circ - (A + B)$ $c = \dfrac{a \sin C}{\sin A},\qquad S = \dfrac{ab \sin C}{2}$ DISCUSSION $A < 90^\circ \begin{cases} a \geqslant b \dots \dots \text{1 sol. B aigu} \\ a < b \begin{cases} a < b\sin A,\ 0\,\text{sol.} \\ a = b\sin A,\ 1\,\text{sol. B droit} \\ a > b\sin A,\ 2\,\text{sol. B'aigu, B'obtus} \end{cases} \end{cases}$ $A \geqslant 90^\circ \begin{cases} a \leqslant b \dots \dots \text{0 sol.} \\ a > b \dots \dots \text{1 sol. B aigu} \end{cases}$
4e Cas	a b c	A B C	$\operatorname{tg} \dfrac{A}{2} = \sqrt{\dfrac{(p - b)(p - c)}{p(p - a)}},\qquad \operatorname{tg} \dfrac{B}{2} = \sqrt{\dfrac{(p - a)(p - c)}{p(p - b)}}$ $\operatorname{tg} \dfrac{C}{2} = \sqrt{\dfrac{(p - a)(p - b)}{p(p - c)}},\qquad S = \sqrt{p(p - a)(p - b)(p - c)}$

Formules de Simpson.

$$\sin [(m + 1)a + h] = 2 \cos a \sin (ma + h) - \sin [(m - 1)a + h]$$
$$\cos [(m + 1)a + h] = 2 \cos a \cos (ma + h) - \cos [(m - 1)a + h].$$

Sommation des sinus et des cosinus d'arcs en progression arithmétique.

$$\sin a + \sin(a + r) + \sin(a + 2r) + \dots + \sin[a + (n - 1)r] = \dfrac{\sin \dfrac{nr}{2} \sin \left[a + \dfrac{(n - 1)r}{2}\right]}{\sin \dfrac{r}{2}}$$

$$\cos a + \cos(a + r) + \cos(a + 2r) + \dots + \cos[a + (n - 1)r] = \dfrac{\sin \dfrac{nr}{2} \cos \left[a + \dfrac{(n - 1)r}{2}\right]}{\sin \dfrac{r}{2}}$$

MÉCANIQUE

Équations d'équilibre des machines simples.

P, Q, puissance et résistance appliquées à la machine.

Levier.	$\dfrac{P}{Q} = \dfrac{l'}{l}$	l, l', bras de levier respectifs des forces P, Q.
*Balance ordinaire.	$\operatorname{tg} v = \dfrac{Pl}{P'd}$	v, angle que fait le fléau avec l'horizontale. P, poids additionnel. P', poids du fléau. l, demi-longueur du fléau. d, distance du centre de gravité du fléau à l'axe de suspension.
*Romaine.	$\dfrac{P}{Q} = \dfrac{\text{bras de levier de la résistance}}{\text{bras de levier de la puissance}}$	
Poulie fixe.	$P = Q$ $C = 2P \cos v$	C, charge supportée par l'axe. v, angle que font les deux directions du cordon.
Poulie mobile.	$\dfrac{P}{Q} = \dfrac{S}{R} = \dfrac{1}{2\cos v}$	R, rayon de la poulie. S, sous-tendante de l'arc embrassé par la corde. v, angle formé par les directions des forces P, Q.
Treuil.	$\dfrac{P}{Q} = \dfrac{r}{R}$	r, rayon de l'arbre. R, longueur de la manivelle.
*Roues à cheville *Chèvre.	$\dfrac{P}{Q} = \dfrac{r}{l}$	r, rayon du tambour. l, bras du levier de la puissance par rapport à l'axe de la roue ou du tambour du treuil.
Plan incliné — La force est parallèle au plan.	$P = Q \sin v$	v, angle du plan incliné avec le plan horizontal. — Pression sur le plan : $P \cos v$
Plan incliné — La force n'est pas parallèle au plan	$P = \dfrac{Q \cos \beta}{\sin v}$	β, angle de la puissance avec la ligne de plus grande pente du plan incliné. — Pression sur le plan : $P \cos v \pm Q \cos \beta$
*Coin.	$\dfrac{R}{AC} = \dfrac{R'}{BC} = \dfrac{P}{AB}$	
*Vis. *Presse à vis.	$\dfrac{P}{Q} = \dfrac{\text{pas de vis}}{\text{circonf. décrite par la puissance}}$	
*Vis sans fin.	$\dfrac{P}{Q} = \dfrac{h}{2\pi R} \cdot \dfrac{r}{R'}$	h, pas de la vis. R, rayon de la circonférence décrite par la puissance. r, rayon du tambour de la roue dentée. R', rayon de la roue dentée.

Équations du mouvement.

Mouvement uniforme.

$$e = e_0 + vt.$$

Mouvement uniformément varié.

$$e = e_0 + v_0 t \pm \frac{at^2}{2}.$$

$$v = v_0 \pm at.$$

e_0 et v_0, espace parcouru et vitesse au temps zéro.
e et v, — — t.
a, accélération.

Valeur de l'accélération due à la pesanteur à Paris : $g = \begin{cases} 9{,}8088 \text{ (valeur classique} \\ 9{,}8094 \text{ (valeur rectifiée} \end{cases}$

Mouvement des forces constantes.

$$F = ma, \qquad m = \frac{P}{g}.$$

F, force appliquée à un corps de masse m.
a, accélération communiquée par la force F.
P, poids du corps.
g, accélération due à la pesanteur.

Travail d'une force constante.

$$T = lF \cos \alpha.$$

l, chemin parcouru par le point d'application de la force F.
α, angle que fait la direction de la force avec le chemin parcouru.

COSMOGRAPHIE

Soleil.

Volume	1283720 fois celui de l.
Masse	324439 fois celle de)
Densité	0,253
Rotation.	25j 4ʰ 29ᵐ
Parallaxe	8″,86
Obliquité apparente de l'écliptique au 31 décembre 1888	23° 27′ 9″,37

Planètes.

PLANÈTES	DURÉE des révolutions sidérales en jours moyens	DISTANCES moyennes AU SOLEIL	VOLUMES	MASSES	DURÉ de la ROTATI	
					h.	m.
Mercure . . .	87,969258	0,3870987	0,052	0,061	24	0
Vénus. . . .	224,700787	0,7233322	0,975	0,787	23	21
Terre	365,256374	1,0000000	1	1	23	56
Mars	686,979646	1,5236913	0,147	0,105	24	37
Petites Planètes						
Jupiter . . .	4332,588171	5,202800	1279,412	308,990	9	55
Saturne . . .	10759,236360	9,538861	718,883	91,919	10	14
Uranus . . .	30688,39036	19,18329	57,828	13,518		
Neptune . . .	60181,11316	30,05508	54,955	22,530		

Terre.

Demi-grand axe ou rayon de l'équateur.	637839
Demi-petit axe ou rayon du pôle.	635654ᵐ
Rayon de la terre supposée sphérique.	6371104
Longueur de l'arc de 1° du méridien	111196

Satellites des Planètes.

Nombre de satellites connus :

Terre : 1	Mars : 2	Jupiter : 4
Saturne : 8	Uranus : 4	Neptune : 1

Lune.

Distance à la terre.	60 273 rayons de la terre, ou 96109 lieues
Volume.	$\frac{1}{50}$ de celui de la terre.
Masse.	$\frac{1}{77}$ de celle de la terre.
Révolutions sidérale	27j 7ʰ 43ᵐ 11ˢ,5.

PHYSIQUE

PESANTEUR

Poids des corps : $P = mg$.

A Paris, $g = \begin{cases} 9{,}8088 \text{ (valeur classique)} \\ 9{,}8094 \text{ (valeur rectifiée en 1888 par le } Bureau\ des\ Longitudes) \end{cases}$

Lois de la chute libre des corps dans le vide.

Loi des vitesses : $v = gt$ (Les vitesses sont proportionnelles aux temps).

Loi des espaces : $e = \dfrac{1}{2}gt^2$. (Les espaces sont proportionnels aux carrés des temps).

Machine d'Atwood. — Principe : $g' = g\dfrac{p}{2P + p}$.

Corps lancés de haut en bas, avec une vitesse initiale v_0.

$$v = v_0 + gt, \qquad e = v_0 t + \frac{1}{2}gt^2.$$

En éliminant t : $\qquad v = \sqrt{v_0^2 + 2ge}.$

Corps lancés de bas en haut avec une vitesse initiale v_0.

$$v = v_0 - gt, \qquad e = v_0 t - \frac{1}{2}gt^2.$$

En éliminant t : $\qquad v = \sqrt{v_0^2 - 2ge}.$

Hauteur H de l'ascension : $\quad H = \dfrac{v_0^2}{2g}$

Durée T de l'ascension : $\quad T = \dfrac{v_0}{g}$

$\left.\begin{array}{l}\ \\ \ \end{array}\right\}$ Ces deux formules s'obtiennent en exprimant que la vitesse v devient nulle.

Lois des oscillations du pendule.

Elles sont contenues dans la formule

$$t = \pi \sqrt{\frac{l}{g}},$$

établie pour de petites amplitudes (ne dépassant pas 4 à 5°).

On tire de là $\qquad g = \dfrac{\pi^2 l}{t^2},$

formule qui permet d'évaluer l'intensité de la pesanteur en un lieu donné, quand on a mesuré l et t.

Balance.

Formule renfermant les conditions de sensibilité :

$$tg\ \alpha = \frac{Pl}{P'd}. \qquad\qquad \text{(Voir à la Mécanique.)}$$

Méthode des deux pesées ou de transposition :

$$x = \sqrt{PP'}.$$

Principes d'hydrostatique.

PRINCIPE DE PASCAL : $\dfrac{P}{P'} = \dfrac{S}{S'}$.　　Pression en un point : $\pi = \lim. \dfrac{p}{\omega}$

Théorème fondamental de la transmission des pressions dans les liquides pesants :
$$\pi' = \pi + hd.$$

Pression sur un fond horizontal : $P = SHd$ (H, hauteur du liquide).

Pression sur une paroi plane latérale : $P = SHd$ (H, distance du centre de gravité de la paroi au niveau du liquide).

Principe des vases communiquants à deux liquides : $\dfrac{H}{H'} = \dfrac{D'}{D}$ (H et H' sont comptées au-dessus du niveau de séparation des liquides).

PRINCIPE D'ARCHIMÈDE : Poussée $= V.D$ (V volume du corps, D densité du liquide).

Poids spécifiques. Densités.

Poids spécifique absolu : $\pi = \dfrac{P}{V}$. — Densité absolue: $\delta = \dfrac{M}{V}$.

Poids spécifique relatif : $p = \dfrac{\pi}{\pi'}$. — Densité relative: $d = \dfrac{\delta}{\delta'}$.

P, M, V, poids, masse, volume d'un corps.

π' et δ', poids spécifique absolu et densité absolue de l'eau.

N.-B. — A cause de $P = Mg$, on a $\pi = g\delta$; de même, $\pi' = g\delta'$, d'où $p = d$. Dans le système métrique, par définition $\pi' = 1^k$; alors
$$\pi = p = d = \dfrac{P}{V} = \dfrac{P}{P'},$$
P' étant le poids d'un volume d'eau égal à celui du corps.

On en tire　　　　　$P = Vd,　　V = \dfrac{P}{d}.$

Graduation des aréomètres Baumé.

POUR DES LIQUIDES PLUS DENSES QUE L'EAU (pèse-sels, pèse-acides,...) :

0, point d'affleurement dans l'eau pure; il est situé au haut de la tige.

15,　　　—　　　dans une solution de 15 part. de sel marin et de 85 d'eau.

L'intervalle de 0 à 15 est divisé en 15 parties égales, et on prolonge la graduation.

POUR DES LIQUIDES MOINS DENSES QUE L'EAU (pèse-esprits, pèse-liqueurs,...) :

0, point d'affleurement dans une solution de 10 parties de sel marin et de 90 d'eau; ce point est au bas de la tige.

10, point d'affleurement dans l'eau pure.

On divise comme ci-dessus.

Pesanteur de l'air.

Pression atmosphérique sur un centimètre carré $= 1^k,033^{gr}$　　($H = 760^{mm}$).

Poids du litre d'air sec à $0°$　　　　　　$= 1^{gr},293$　　($H = 760^{mm}$).

Loi de Mariotte.

$$\dfrac{V}{V'} = \dfrac{P'}{P}, \text{ ou } VP = V'P' = \ldots = \text{constante};　　\dfrac{D}{D'} = \dfrac{P}{P'}.$$

Lois du mélange des gaz.

$$\textit{1}^{re}\textit{ Loi} : \quad P = p\cdot\frac{v}{V} + p_1\cdot\frac{v_1}{V} + \ldots + p_n\cdot\frac{v_n}{V} = \frac{pv + p_1v_1 + \ldots p_nv_n}{V}.$$

$$\textit{2}^{e}\textit{ Loi} : \quad V = v\cdot\frac{p}{P} + v_1\cdot\frac{p}{P} + \ldots + v_n\cdot\frac{p_n}{P} = \frac{pv + p_1v_1 + \ldots p_nv_n}{P}.$$

$v, v_1, v_2, \ldots v_n$, volumes respectifs des différents gaz aux pressions respectives $p, p_1, p_2 \ldots p_n$.

V, volume du mélange gazeux à la pression P.

Graduation du manomètre à air comprimé.

$$x = -\frac{P-l}{2} + \sqrt{\left(\frac{P-l}{2}\right)^2 + lH}.$$

l, longueur du tube depuis le niveau du mercure dans la cuvette (supposé invariable) jusqu'au sommet.

H, pression atmosphérique.

x, longueur occupée par l'air, dans le tube, sous une pression P.

Machine pneumatique.

Pression après n coups de piston.

$$H_n = H_0\left(\frac{V}{V+v}\right)^n$$

$\left\{\begin{array}{l} V \text{ et } v, \text{ volumes respectifs du}\\ \text{récipient et du corps de pompe.}\\ H_0, \text{ pression initiale de l'air.}\\ n, \text{ nombre de coups de piston.}\end{array}\right.$

$$H_n = H_0\left(\frac{V}{V+v}\right)^n + H\frac{u}{v}\left[1 - \left(\frac{V}{V+v}\right)^n\right]$$

$\left\{\begin{array}{l} \text{Formule où il est tenu compte}\\ \text{de l'espace nuisible (de capa-}\\ \text{cité } u), \text{ la pression atmosphé-}\\ \text{rique étant } H.\end{array}\right.$

Pression limite $\left\{\begin{array}{l} \text{Sans espace nuisible : il n'y a pas de limite au vide.}\\[4pt] \text{Avec espace nuisible : } \quad f = H\frac{u}{v}.\\[4pt] \text{Avec le dispositif Babinet : } f_1 = H.\frac{u}{v}\cdot\frac{u_1}{v_1}, \text{ ou } f_1 = H.\left(\frac{u}{v}\right)^2.\end{array}\right.$

Machine de compression.

Pression après n coups de piston.

$$H_n = H_0 + nH.\frac{v}{V}$$

$\left\{\begin{array}{l} V, v, n, \text{ comme pour la ma-}\\ \text{chine pneumatique.}\\ H_0, \text{ pression initiale du gaz}\\ \text{dans le récipient.}\\ H, \text{ pression supposée con-}\\ \text{stante dans le réservoir.}\end{array}\right.$

$$H_n = H_0\left(\frac{V}{V+c}\right)^n + H.\frac{v}{c}\left[1 - \left(\frac{V}{V+c}\right)^n\right]$$

$\left\{\begin{array}{l} \text{Formule où il est tenu compte}\\ \text{de l'espace nuisible, de capa-}\\ \text{cité } c.\end{array}\right.$

Pression limite $\left\{\begin{array}{l} \text{Sans espace nuisible : il n'y a pas de limite à la com-}\\ \text{pression.}\\[4pt] \text{Avec espace nuisible : } F = H.\frac{v}{c}.\end{array}\right.$

CHALEUR

Thermométrie.

Échelle centigrade :   0°, température de la glace fondante.
100°, température de la vapeur d'eau bouillante, à la pression de 760^{mm}.

Comparaison des trois échelles thermométriques.

Centigrade (0° — 100°)   Réaumur (0° — 80°)   Fahrenheit (32° — 212°)
100 C   =   80 R   =   180 F

$$C = \frac{4}{5}R = \frac{9}{5}F, \qquad R = \frac{5}{4}C = \frac{9}{4}F, \qquad F = \frac{5}{9}C = \frac{4}{9}R.$$

Formules de conversion des températures.

$$T_c = T_R \times \frac{5}{4} \qquad\qquad T_c = (F - 32) \times \frac{5}{9}$$

$$T_R = T_c \times \frac{4}{5} \qquad\qquad T_R = (T_F - 32) \times \frac{4}{9}$$

$$T_F = T_c \times \frac{9}{5} + 32 \qquad\qquad T_F = T_R \times \frac{9}{4} + 32$$

Dilatations.

1° Solides.

λ, coefficient de dilatation linéaire
K, — — cubique $\Big\}$ On a sensiblement $K = 3\lambda$.

Les lettres l, S, V représentent des longueurs, des surfaces, des volumes de corps ; les indices qui les affectent représentent les températures de ces corps.

DILATATIONS LINÉAIRES	DILATATIONS SUPERFICIELLES	DILATATIONS CUBIQUES
$l_t = l_0(1 + \lambda t)$	$S_t = S_0(1 + 2\lambda t)$	$V_t = V_0(1 + Kt)$
$l_{t'} = l_t \dfrac{1 + \lambda t'}{1 + \lambda t}$	$S_{t'} = S_0 \dfrac{1 + 2\lambda t'}{1 + 2\lambda t}$	$V_{t'} = V_t \dfrac{1 + Kt'}{1 + Kt}$
Formule approchée	*Formule approchée*	*Formule approchée*
$l_{t'} = l_t[1 + \lambda(t' - t)]$	$S_{t'} = S_t[1 + 2\lambda(t' - t)]$	$V_{t'} = V_t[1 + K(t' - t)]$

DENSITÉS : $D = \dfrac{D_0}{1 + Kt}$; $D_{t'} = D_t \dfrac{1 + Kt}{1 + Kt'}$.

Formule approchée : $D_{t'} = D_t[1 - K(t' - t)]$.

2° Liquides.

Coefficient de dilatation absolue du mercure $= \dfrac{1}{5550} = 0{,}00018$.

Coefficient de dilatation apparente du mercure

dans les verres ordinaires (en moyenne) $= \dfrac{1}{6480}$.

Principe : Le coefficient de dilatation absolue Δ d'un liquide égale sensiblement le coefficient de dilatation apparente D, augmenté du coefficient de l'enveloppe K :

$$\Delta = D + K, \text{ sensiblement.}$$

DILATATIONS : $V_t = V_0(1 + \Delta t)$; $V_{t'} = V_t \dfrac{1 + \Delta t'}{1 + \Delta t}$.

Formule approchée : $V_{t'} = V_t[1 + \Delta(t' - t)]$.

DENSITÉS : mêmes formules que pour les solides.

3° Gaz.

Coefficient de dilatation de l'air, et des gaz en général $= 0,00367$.

(On l'exprime quelquefois aussi par $\dfrac{1}{273}$, valeur qui diffère peu de la précédente.)

1° *La pression ne variant pas :*

DILATATIONS : $V_t = V_0(1 + \alpha t)$, $\qquad\qquad V_{t'} = V_t \dfrac{1 + \alpha t''}{1 + \alpha t}$;

d'où $\qquad V_0 = \dfrac{V_t}{1 + \alpha t} = \dfrac{V_{t'}}{1 + \alpha t'} = \ldots$

DENSITÉS : $\qquad D_t = \dfrac{D_0}{1 + \alpha t}$, $\qquad\qquad D_{t'} = D_t \dfrac{1 + \alpha t}{1 + \alpha t'}$;

d'où $\qquad D_0 = D_t(1 + \alpha t) = D_{t'}(1 + \alpha t') = \ldots$

2° *La pression variant :*

DILATATIONS : $V_t = V_0\dfrac{H_0}{H}(1 + \alpha t)$, $\qquad V_{t'} = V_t \dfrac{H}{H'}\cdot\dfrac{1 + \alpha t'}{1 + \alpha t}$;

d'où $\qquad V_0 H_0 = \dfrac{V_t H}{1 + \alpha t} = \dfrac{V_{t'} H'}{1 + \alpha t'} = \ldots$

DENSITÉS : $\qquad D_t = \dfrac{D_0}{1 + \alpha t}\cdot\dfrac{H}{H_0}$, $\qquad\qquad D_{t'} = D_t \dfrac{H'}{H}\cdot\dfrac{1 + \alpha t}{1 + \alpha t'}$.

Gaz ramené au volume normal (à 0° et à 760^{mm}) $\quad V_0 = V_t\ \cdot\dfrac{H}{760}\cdot\dfrac{1}{1 + \alpha t}$.

Densité d'un gaz à t° et à la pression H, d étant la densité à 0° et à 760^{mm} :
$$D_t = d\cdot\dfrac{H}{760}\cdot\dfrac{1}{1 + \alpha t}.$$

Poids d'un volume de gaz sec :
$$P = V_t.d.1,293\cdot\dfrac{H}{760}\cdot\dfrac{1}{1 + \alpha t}.$$

Hygrométrie.

État hygrométrique : $e = \dfrac{p}{p_1} = \dfrac{f}{F}$;$\quad$ on en tire $f = Fe$.

Air humide $\begin{cases} \text{Poids de la vapeur } p = V.1,293.\dfrac{5}{8}\cdot\dfrac{Fe}{760}\cdot\dfrac{1}{1 + \alpha t} \\[2ex] \text{Poids de l'air sec }\quad p' = V.1,293.\dfrac{H - Fe}{760}\cdot\dfrac{1}{1 + \alpha t} \\[2ex] \text{Poids total }\qquad P = V.1,293.\dfrac{H - \frac{3}{8}Fe}{760}\cdot\dfrac{1}{1 + \alpha t} \end{cases}$

Gaz humide $\begin{cases} \text{Poids de la vapeur } p = V.1,293.\dfrac{5}{8}\cdot\dfrac{Fe}{760}\cdot\dfrac{1}{1 + \alpha t} \\[2ex] \text{Poids du gaz sec }\quad p' = V.1,293.d.\dfrac{H - Fe}{760}\cdot\dfrac{1}{1 + \alpha t} \\[3ex] \text{Poids total }\qquad P = V.1,293.\dfrac{Hd - Fe\left(d - \frac{5}{8}\right)}{760}\cdot\dfrac{1}{1 + \alpha t} \end{cases}$

Chaleurs spécifiques de quelques corps.

· Chaleur spécifique de l'eau prise pour unité : une calorie.

Argent	0,0570	Cuivre	0,0951	Phosphore	0,1887
Arsenic	0,0814	Étain	0,0562	Platine	0,0329
Bismuth	0,0308	Fer	0,1138	Plomb	0,0314
Charbon de bois	0,2415	Mercure	0,0325	Potassium	0,1695
Graphite	0,2019	Nickel	0,1089	Soufre	0,2026
Diamant	0,1469	Or	0,0324	Zinc	0,0955

Loi de Dulong et Petit : $C \times P =$ constante (5,8 à 6,9).

C, chaleur spécifique ; P, poids atomique d'un corps simple.

Points de fusion et d'ébullition de quelques corps.

	TEMPÉRATURE			TEMPÉRATURE	
	de fusion	d'ébullition		de fusion	d'ébullition
Acide azotique monohydraté	—50	86	Essence de térébenthine	—10	156
» carbonique		—78	Étain	228	
» hypoazotique	— 9	22	Fer	1500	
» sulfureux	—75	— 8	Fonte	1050 à 1200	
» sulfurique monohydraté	—34	325	Huile de lin	—20	387
» sulfurique anhydre	18	32	Huile d'olive	2,5	
Acier	13 à 1400		Mercure	—40	350
Alcool	—13	78	Or	1200	
Antimoine	450		Phosphore	44	290
Argent	1000		Platine	>1700	
Bronze	900		Plomb	330	1040
Cire blanche	69		Soufre	113	440
Cire jaune	76		Suif	33	
Cuivre	1150		Sulfure de carbone		45
Eau de mer	—2,5	103,7	Zinc	410	932

Chaleurs latentes.

Chaleur latente de fusion de la glace . . . . $79^{cal},25$

Chaleur latente de vaporisation de l'eau à 100° . . . . 537^{cal} ·

Chaleur *totale* de vaporisation de l'eau à 100° . . . . 637^{cal}

N.-B. — La formule de Regnault :

$$Q = 606,5 + 0,305T,$$

donne la chaleur *totale* Q de vaporisation de l'eau à la température T.

La chaleur latente de vaporisation λ à cette température est

$$\lambda = 606,5 - 0,695T.$$

Kilogrammètre · Travail qu'il faut dépenser pour élever un poids de 1 kilogramme à 1 mètre de hauteur.

Cheval-vapeur : Travail de 75 kilogrammètres effectué dans une seconde.

ÉLECTRICITÉ ET MAGNÉTISME

Magnétisme.

Deux pôles : pôle nord ou austral, pôle sud ou boréal.

Loi de Coulomb : $f = K . \dfrac{mm'}{r^2}$ ($f = K$ pour $m = m' = 1$, et pour $r = 1$).

    f, attraction ou répulsion s'exerçant entre deux pôles de masses m et m', situés à une distance r.

Électricité statique.

Loi de Coulomb : $f = \varphi . \dfrac{qq'}{r^2}$ ($f = \varphi$ pour $q = q' = 1$, et pour $r = 1$).

    f, attraction ou répulsion s'exerçant entre deux quantités d'électricité q et q', situées à une distance r.

* *Potentiel en un point :* $\qquad\qquad V = \dfrac{q}{r}$

    q, masse électrique agissant sur le point à la distance r.

* *Potentiel d'un conducteur quelconque :* $\quad V = \dfrac{Q}{C}$

    Q, charge électrique totale du conducteur.
    C, capacité électrique du conducteur, qui dépend à la fois du conducteur et du champ électrique où il se trouve.

* *Potentiel d'une sphère :* $\qquad\qquad V = \dfrac{Q}{R}$

    Q, charge électrique totale de la sphère de rayon R.

Électricité dynamique.

Loi d'Ampère. — Le pôle *austral* d'une aiguille aimantée est dévié à la *gauche* du courant.

Courants d'Ampère. — Si on se place en face du pôle *austral*, les courants d'Ampère paraissent dirigés en *sens inverse* du mouvement des aiguilles d'une montre.

Courant terrestre. — Il agirait dans le plan de l'équateur magnétique, et de l'est à l'ouest.

* *Résistance des conducteurs :* $\qquad r = \dfrac{l}{cs}$.

    l, longueur du conducteur, de section s.
    c, coefficient de conductibilité.

Force électro-motrice — *Loi de Ohm :* $I(R + \rho) = E$ (constante).
    I, intensité du courant.
    R, résistance intérieure de la pile ; ρ résistance du circuit extérieur.
    E, quantité constante, caractéristique de la pile et qu'on nomme force électro-motrice.

* *Association des piles en nombre n :*

    1° En série, ou en tension : $I = \dfrac{nE}{nR + \rho}$ (convient pour ρ très grand) ;

    2° En batterie, ou en surface (éléments multiples) :

$$I = \dfrac{nE}{R + n\rho} \quad \text{(convient pour } \rho \text{ très petit)}$$

    3° Par couplage mixte : $n = pq$ (p éléments par série et q séries)

$$I = \dfrac{pE}{\dfrac{p}{q}R + \rho} .$$

    N.-B. — Effet maximum : Résistance intérieure égale résistance extérieure

$$\rho = \dfrac{p}{q}R, \qquad \text{d'où} \qquad \dfrac{p}{q} = \dfrac{\rho}{R} .$$

OPTIQUE

Photométrie.

1° Lumière émise par une source et reçue par une surface plane.

Loi de la distance : $\dfrac{i}{i'} = \dfrac{d'^2}{d^2}$ ou $id^2 = i'd'^2 = \ldots\ldots = $ constante.

Loi du cosinus : $\dfrac{i}{i'} = \dfrac{\cos \sigma}{\cos \sigma'}$ ou $\dfrac{i}{\cos \sigma} = \dfrac{i'}{\cos \sigma'} = \ldots\ldots = $ constante.

2° Comparaison de deux lumières éclairant de la même manière une même surface.

Principe du photomètre : $\dfrac{1}{i'} = \dfrac{D^2}{D'^2}$

Miroirs sphériques.

| *Concaves.* | | *Convexes.* |

r, rayon de courbure; $f = \dfrac{r}{2}$, distance focale principale.

p et p', distances de l'objet et de l'image au miroir.

Relation de position entre un objet et son image.

$$\frac{1}{p'} + \frac{1}{p} = \frac{1}{f} \qquad\qquad \frac{1}{p'} - \frac{1}{p} = \frac{1}{f}$$

Rapport de grandeur entre une image et l'objet.

$$\frac{\text{Image}}{\text{Objet}} \text{ ou } \frac{1}{0} = \frac{p'}{p} = \frac{f}{p-f} \qquad\qquad \frac{1}{0} = \frac{p'}{p} = \frac{f}{p+f}$$

N. B. — Aux valeurs négatives de p' correspondent des images virtuelles. | N. B. — Les images des objets réels sont toujours virtuelles (*Ex. :* boule de jardin).

Réfraction.

Loi de Descartes : $\dfrac{\sin i}{\sin r} = n$. Angle limite λ : $\sin \lambda = \dfrac{1}{n}$.

Formules du prisme $\begin{cases} \sin i = n \sin r, \; \sin i' = n \sin r' \\ A = r + r' \\ d = i + i' - A \end{cases}$ | Déviation minimum $\begin{cases} i = i', \; r = r' \\ d = \delta \end{cases}$ $\begin{cases} \sin i = n \sin r \\ A = 2r \\ \delta = 2i - A. \end{cases}$

Formule qui donne l'indice de réfraction d'une substance : $n = \dfrac{\sin \dfrac{A + \delta}{2}}{\sin \dfrac{A}{2}}$.

Lentilles.

| *Convergentes.* | | *Divergentes.* |

f, distance focale principale.

p et p', distances de l'objet et de l'image à la lentille.

$$\frac{1}{p'} + \frac{1}{p} = \frac{1}{f} \qquad\qquad \frac{1}{p'} - \frac{1}{p} = \frac{1}{f}$$

$$\frac{1}{0} = \frac{p'}{p} = \frac{f}{p-f} \qquad\qquad \frac{1}{0} = \frac{p'}{p} = \frac{f}{p+f}$$

N. B. — Aux valeurs négatives de p' correspondent des images virtuelles. | N. B. — Les images des objets réels sont toujours virtuelles.

N. B. — En appliquant aux divers cas la convention cartésienne pour la signification et l'interprétation des signes, les formules relatives aux miroirs et aux lentilles se réduisent à une seule pour chaque espèce de système optique. Les formules relatives aux lentilles sont même applicables à des systèmes formés de plusieurs lentilles, comme les instruments d'optique. (Voir l'ouvrage récent de M. Gariel, *Études d'optique géométrique*, où l'auteur n'emprunte que des considérations de géométrie élémentaire pour la démonstration de toutes les questions de cet ordre. Il a ajouté un chapitre supplémentaire où les mêmes questions sont traitées par la géométrie analytique.)

ACOUSTIQUE

Vitesse du son.

Dans l'air, — A la température de 0 degré, 333^m par seconde.

       —   16 degrés, 340^m —

       — t degrés, $333^m\sqrt{1 + \alpha t}$ par secondes.

La vitesse du son est indépendante de la pression atmosphérique.

Dans l'eau — A la température de 8 degrés, 1435^m par seconde.

Dans la fonte. — 10 fois ½ supérieure à la vitesse dans l'air.

Hauteur du son.

Diapason normal, ou $la_3 = 435$ vibrations doubles par seconde.

Lois des vibrations transversales des cordes.

$$n = \frac{1}{2rl}\sqrt{\frac{gP}{\pi d}}.$$

n, nombre, par seconde, des vibrations doubles d'une corde tendue par un poids P et ayant pour rayon r, pour longueur l et pour densité d.

π, rapport de la circonférence au diamètre.

g, intensité de la pesanteur dans le lieu de l'expérience.

Gamme et intervalles musicaux.

Gamme diatonique.

Notes	*ut*	*re*	*mi*	*fa*	*sol*	*la*	*si*	*ut* (octave)
Nombre relatif de vibrations	1	$\frac{9}{8}$	$\frac{5}{4}$	$\frac{4}{3}$	$\frac{3}{2}$	$\frac{5}{3}$	$\frac{15}{8}$	2
Intervalles		$\frac{9}{8}$	$\frac{10}{9}$	$\frac{16}{15}$	$\frac{9}{8}$	$\frac{10}{9}$	$\frac{9}{8}$	$\frac{16}{15}$

Dièse : $sol^{\sharp} = sol \times \frac{25}{24}$. Bémol : $mi^{\flat} = mi \times \frac{24}{25}$. Comma : $\frac{81}{80}$.

$$\text{Ton}\begin{cases} \text{majeur } \frac{9}{8} \\ \text{mineur } \frac{10}{9} \end{cases} \qquad \text{Demi-ton}\begin{cases} \text{majeur } \frac{16}{15} \\ \text{mineur } \frac{24}{25} \end{cases}$$

$$\text{Tierce}\begin{cases} \text{majeure } \frac{5}{4} \\ \text{mineure } \frac{6}{5} \end{cases} \qquad \text{Quarte}\begin{cases} \frac{4}{3} \\ si\text{---}fa = \frac{4}{3} \times \frac{24}{25} \end{cases} \qquad \text{Quinte} : \frac{3}{2}$$

$$\text{Sixte}\begin{cases} \text{majeure } \frac{5}{3} \\ \text{mineure } \frac{8}{5} \end{cases} \qquad \text{Septième}\begin{cases} \frac{9}{5} \\ \frac{15}{8} \end{cases} \qquad \text{Octave} : 2$$

MÉTALLOÏDES : Preparations, proprietes, classification Dumas modifiee.

		(1)	(2)	(3)	(4)	
	HYDROGÈNE	H	2	1	1	**Gaz** incolore, inodore, insipide ; le plus léger : $d = 0{,}0692$; peu soluble dans l'eau : $S = 19/1000$; très diffusif ; liquéfié et même solidifié. C'est un véritable métal gazeux, il donne des alliages. Très combustible : flamme pâle, très chaude. Mélanges détonants. Réducteur à chaud ou à l'état naissant. Prép. { 1° $3Fe + 4HO = Fe^3O^4 + 4H$ (5). Fils de fer dans un tube de grès porté au rouge et traversé par de la vapeur d'eau. 2° $Zn^* + SO^3,HO = ZnO,SO^3 + H$. Flacon bitubulé : l'acide doit être étendu. * ou Fe — *Purification :* Trois tubes en U : 1° PbO,AzO pour HS ; 2° AgO,SO^3 pour AsH^3 et PhH^3 ; 3° KO,HO pour carbures, siliciures et pour dessécher. $Zn^* + HCl = ZnCl + H$. 3° $KO.C^2HO^3 + KO,HO = 2(KO,CO^2) + 2H$. (formiate de potasse) On calcine le mélange de formiate de potasse et de potasse ; l'hydrogène obtenu est sec et pur.
PREMIÈRE FAMILLE	**CHLORE**	Cl	2	35,5	35,5	**Gaz** jaune verdâtre, odeur suffocante ; très lourd : $d = 2{,}44$: assez soluble : $S_0 = 1{,}44$, $S_4 = 3$; liquéfié à $-40°$, ou à $15°$ à 4 atm., au moyen des cristaux d'hydrate $Cl + 10HO$. Corps doué d'actions chimiques énergiques ; actions directes avec H, S, Ph, As, Si, Bo... avec tous les métaux. Phénomènes de substitution et d'addition avec les matières organiques. Prép. { 1° $MnO^2 + 2HCl = MnCl + 2HO + Cl$. *Procédé de Scheele.* On chauffe légèrement dans un ballon de verre le bioxyde et l'acide. 2° $MnO^2 + NaCl + 2(SO^3,HO) = MnO,SO^3 + NaO,SO^3 + 2HO + Cl$. *Procédé de Berthollet.* Même appareil. Le gaz desséché par $CaCl$ est recueilli *directement* ; la dissolution (eau de chlore) s'obtient par l'appareil de Woulf.

(1) Symbole. — (2) Equivalent en volume. — (3) Equivalent en poids. — (4) Poids atomique. — (5) Les réactions sont écrites en équivalents, ainsi que les formules des corps qui se rencontrent dans le texte de l'ouvrage.

PREMIÈRE FAMILLE (Suite).	BROME. . .	Br	2	80	80	**Liquide** rouge brun, odeur irritante: $d = 3.18$. Soluble dans le chloroforme, l'éther et le sulfure de carbone. Bout à 63°; solidifié à — 24°.5. Brûlures douloureuses. PRÉP. *Par le procédé Berthollet*. KBr remplace NaCl; on opère au bain-marie dans une cornue suivie d'un ballon de condensation.
	IODE. . . .	Io	2	127	127	**Solide** en paillettes gris de fer, odeur désagréable: $d = 4.50$. Fond à 113°, bout vers 175° en donnant des vapeurs violettes; soluble dans l'alcool, CS^2.... Colore la peau en jaune. Se sublime. PRÉP. 1° $NaIo + Cl = NaCl + Io$ Dans certaines eaux-mères, on déplace l'iode par le chlore. On lave l'iode et on le sublime. 2° *Par le procédé Berthollet*. KIo remplace NaCl. On opère comme pour le brome; la cornue et le récipient de condensation sont en grès.
	FLUOR. . .	Fl	?	19	19	**Gaz** d'une grande énergie chimique, isolé de nos jours en électrolysant l'acide fluorhydrique. Incolore, odeur très désagréable; il irrite la gorge et les yeux.
SIXIÈME FAMILLE.	OXYGÈNE. .	O	1	8	16	**Gaz** incolore, inodore, insipide: $d = 1.1056$; peu soluble: $S = 41/1000$; liquéfié à — 136° à 22at.5; absorbable par l'acide pyrogallique et la potasse. Corps le plus électro-négatif. Éminemment comburant: combustions vives, combustions lentes, respiration. Rallume une allumette présentant un point rouge. PRÉP. 1° $3MnO^2 = Mn^3O^4 + 2O$. Calcination au rouge dans une cornue de grès. Tube de sûreté. Impuretés: CO^2 et Az. 2° $2(KO, ClO^5) = KCl + KO.ClO^7 + 4O$. $\{$ Chauffer dans une cornue ou dans un ballon de verre. Il est bon d'ajouter MnO^2 ou mieux Mn^3O^4; on peut employer aussi du bioxyde de cuivre ou du platine divisé. $\}$ Si on élève la température: $2(KO, ClO^7) = 2KCl + 12O$. 3° $KO,2CrO^3 + 4(SO^3.HO) = KO.SO^3 + Cr^2O^3.3SO^3 + 4HO + 3O$. Chauffer le bichromate et l'acide concentré dans un ballon de verre. 4° $CaO,ClO = CaCl + 2O$. Chauffer la dissolution d'hypochlorite de chaux avec *un peu de chlorure de cobalt*.
	OZONE. . .	O³	....	....	....	**Gaz** bleu de ciel, odeur suffocante et pénétrante rappelant celle de la marée; $d = 1.656$ (1 fois 1/2 oxygène). Soluble; liquéfié en un liquide bleu indigo. Actions chimiques énergiques ou singulières. La chaleur le décompose à 250°. Il colore en bleu un papier ioduro-amidoné. PRÉP. 1° Oxydations lentes: *Ex*. Ph; 2° $SO^3,HO + BaO^2 = BaO,SO^3 + O$ (Ozone). 3° Électricité: pile, étincelles, effluve.

<table>
<tr><td rowspan="3">SECONDE FAMILLE (Suite).</td><td>SOUFRE . .</td><td>S</td><td>1</td><td>16</td><td>32</td><td>Solide jaune citron, insipide, inodore, dur et cassant. Insoluble dans l'eau. Soluble en grande quantité dans la benzine, le sulfure de carbone. Électrisable.
Octaédrique. Etat natif, $d = 2,07$; fond à 113°. — Prismatique. Obtenu par fusion, $d = 1,97$, fond à 117°4. — Amorphe. Insoluble dans CS^2; $d = 2,05$. — Mou. Obtenu en coulant dans l'eau le soufre à 230°, redevient dur et cassant. Le soufre se volatilise à 440°, $d = 2,20$ à 860°. — Propriétés curieuses du soufre fondu : a 200° brun et grande viscosité.
Le soufre est combustible, vis à vis de $O.Cl.Br.Io,Fl.$ — comburant vis à vis des autres corps : ses analogies avec l'oxygène. Il brûle avec une flamme bleue et donne SO^2.</td></tr>
<tr><td>SÉLÉNIUM .</td><td>Se</td><td>1</td><td>39,75</td><td>79,5</td><td>Solide sous divers états allotropiques : vitreux, cristallin, floconneux. $d = 4,3$; $4,8$. Fond vers 215°, bout vers 665°. Brûle avec une flamme bleue et donne SeO^2.</td></tr>
<tr><td>TELLURE . .</td><td>Te</td><td>1</td><td>62,5</td><td>125</td><td>Solide, aspect de l'étain, mais gris d'acier. $d = 6,25$. Fond à 400°, se volatilise au rouge. Brûle avec une flamme bleue et donne TeO^2.</td></tr>
<tr><td rowspan="2">TROISIÈME FAMILLE</td><td>AZOTE. . .</td><td>Az</td><td>2</td><td>14</td><td>14</td><td>Gaz incolore, inodore, insipide; $d = 0,97$. Peu soluble : $S = 20/1000$; liquéfié à 150 atmosphères et à — 136° par détente. Il entre dans l'air pour 79.2 °/₀ en volume et pour 77 °/₀ en poids.
Il se combine directement à $Az.Ti,Bo.Mg$ par la chaleur : à O,H par les étincelles ou l'effluve.
Il n'entretient ni la combustion, ni la respiration.
PRÉP.
1° Retiré de l'air. a) par le phosphore à froid ou à chaud. b) par le cuivre chauffé. Ces corps s'unissent à l'oxygène et laissent l'azote.
2° $AzH^3,HO,AzO^3 = 2Az + 4HO$. L'azotite d'ammoniaque est chauffé avec précaution dans une cornue de verre; il ne reste rien.
3° $AzH^4Cl + KO,AzO^3 = 2Az + 4HO + KCl$. Le mélange de sel ammoniac et d'azotite de potasse est chauffé dans une cornue de verre.</td></tr>
<tr><td>PHOSPHORE</td><td>Ph</td><td>1</td><td>31</td><td>31</td><td>Solide, couleur ambré, translucide, mou, flexible. Goût âcre; $d = 1,83$. Fond à 44°,2 (surfusion 30°). Bout à 290°. Très soluble dans CS^2, dans benzine. Poison violent.
Phosphore rouge : Amorphe ou cristallisé; $d = 1,96$ à $2,34$. Ne fond pas, mais se transforme. Insoluble dans CS^2. N'est pas un poison.
$CaO,CO^2 + SO^3,HO = CaO,SO^3 + CO^2 + HO$.
$3(CaO),PhO^5 + 2(SO^3,HO) = 2(CaO,SO^3) + CaO,2HO,PhO^5$.
$3(CaO,PhO^5) + 10C = (3CaO),PhO^5 + 10CO + 2Ph$.
PRÉP.
Théorie. — Les os calcinés à l'air donnent du carbonate de chaux et du phosphate tribasique qui n'est pas décomposable par le charbon. — Une partie de l'acide sulfurique transforme le carbonate de chaux en sulfate de chaux insoluble. Une autre partie de l'ac. de sulfurique enlève partiellement la chaux du phosphate tribasique et le transforme en phosphate acide, décomposable par le charbon. On décante, on concentre et on fait avec du charbon une pâte qu'on calcine au rouge dans une cornue en grès. Le Ph distille; on le purifie par plusieurs fusions sur le noir animal et un passage par pression à travers une peau de chamois.</td></tr>
</table>

Famille	Nom				Propriétés
IIIᵉ FAMILLE *(Suite)*	ARSENIC	As	1	75	75	**Solide** gris de fer, éclat métallique; cassant: $d = 5.7$. Se sublime sans fondre à 180°; fusion en tube scellé. Donne une odeur d'ail sur des charbons. Prép. $(FeAs + FeS^2) = 2FeS + As$ *(Mispickel)*. On calcine le mispickel dans des cornues; l'arsenic vient se déposer dans des cylindres supérieurs.
QUATRIÈME FAMILLE	CARBONE	C	?	6	12	*Propriétés générales :* **Solide**, infusible et fixe sauf par l'emploi d'une pile de 500 éléments). Soluble dans la fonte de fer en fusion. Combustible et réducteur. *Charbons naturels :* Diamant. $d = 3.50$; graphite, $d = 2.25$; anthracite. $d = 2$; houille. $d = 1.16$ à 1.60; lignite (jais naturel); tourbe. *Charbons artificiels :* Charbon des cornues à gaz); coke; charbon de bois; noir de fumée; noir animal (os calcinés en vases clos).
	SILICIUM	Si	?	14	28	**Solide.** 1° *Amorphe :* poudre brune, fusible: 2° *graphitoïde :* lamelles hexagonales, gris de plomb. 3° *cristallisé :* octaèdres, gris de plomb; $d = 2,50$; fond vers 1200°. Prép. Diverses réactions: $2(KFl.SiFl^2) + 4K = 6KFl + 2Si$; — $3SiO^2 + 2Na = 2(NaO.SiO^2) + Si$: — $SiCl^2 + 2Na = 2NaCl + Si$ (courant de $SiCl^2$ sur Na chauffé dans une nacelle de platine).
	BORE	Bo	?	11	11	**Solide.** 1° *Amorphe:* 2° *Cristallisé* sous forme de borures d'aluminium et de carbures de bore. — Combustible; absorbe l'azote au rouge: soluble dans l'aluminium. Prép. $4BoO^3 + 3K = 3(KO.BoO^3) + Bo$. Les corps sont placés par couches alternatives dans un creuset de platine qu'on porte au rouge.

MÉTAUX : Propriétes et classification Thenard modifiée.

Nom				Propriétés
				1ᵉ **Section** : *Métaux décomposant l'eau à froid.* Leurs oxydes sont irréductibles par la chaleur. 1° Alcalis : fusibles et très solubles. 2° Terres alcalines : infusibles et peu solubles.
SODIUM	Na	23	23	. . . . Mou; éclat argentin s'altérant à l'air humide. Fond à 96°; volatil au rouge. $d = 0.97$. Brûle avec une lumière jaune.
POTASSIUM	K	39	39	. . . . Mou: la coupure fraîche a l'éclat de l'argent, elle se ternit rapidement même à l'air sec. Fond à 62°.5, volatil au rouge. $d = 0,865$. Brûle avec une flamme violette.
CALCIUM	Ca	20	40	. . . . Ces trois métaux ont de grandes analogies; ils ont l'éclat de l'argent et une couleur plus ou moins jaune; ils se voient rarement. Leurs oxydes sont les terres alcalines.
STRONTIUM	Sr	43,8	87.6	
BARYUM	Ba	68,5	137	

				2ᵉ Section : *Métaux décomposant l'eau au-dessus de 50°.* Leurs oxydes sont irréductibles par la chaleur et se forment directement.
MAGNÉSIUM . .	Mg	12,2	24,4	. . . . Blanc d'argent, malléable mais peu tenace. Fond vers 400°. Distille vers 1000°. Brûle avec un éclat éblouissant. Ce métal est très léger : $d = 1,75$.
MANGANÈSE . .	Mn	27,5	55	. . . . Gris blanchâtre, $d = 7,20$ environ. Altérable à l'air humide. Il décompose l'eau à 100°. Il n'est pas magnétique. Il se voit rarement.
				3ᵉ Section : *Métaux décomposant l'eau au rouge sombre, ou à froid en présence des acides.* Leurs oxydes inférieurs sont basiques, irréductibles par la chaleur et se forment directement. (Le zinc ne forme qu'un oxyde.)
FER	Fe	28	56	. . . . Blanc un peu violacé, ductile, malléable, très tenace. Fond de 1500 à 1600°, après avoir été pâteux. $d = 7,25$, pour le fer fondu ; forgé, $d = 7,40$ à $7,85$. Importantes propriétés magnétiques.
NICKEL	Ni	29,5	59	. . . . Blanc gris, très dur, cassure fibreuse, ductile et malléable. Moins fusible que le fer. $d = 8.3$ pour le métal fondu ; forgé. $d = 8.7$. Magnétique.
COBALT	Co	29,5	59	. . . . Blanc d'argent, très malléable, le plus tenace des métaux. Fusible comme le fer. $d = 8.6$. Magnétique.
ZINC	Zn	32.7	65,4	. . . . Blanc légèrement bleuâtre, cassure cristalline. Fond à 410°, bout à 932°. $d = 6.87$: par le martelage, $d = 7.2$. Brûle à l'air avec une flamme éclatante verte.
CHROME	Cr	26,2	52.4	. . . . Gris d'acier, brillant, dureté du corindon, très tenace. $d = 6$. Il se voit rarement.
				4ᵉ Section : *Métaux décomposant l'eau au rouge vif, ou à 100° en présence des bases.* Leurs oxydes sont acides et irréductibles par la chaleur ; ils se forment directement.
ÉTAIN	Sn	59	118	. . . . Blanc d'argent, très malléable, peu tenace. Fond à 228°, n'est pas volatil. $d = 7.3$. Frotté entre les doigts, il prend l'odeur de poisson. Ployé, il donne le *cri de l'étain*.
ANTIMOINE . . .	Sb	122	122	. . . . Blanc d'argent, très cassant. Fond à 450°, se volatilise au rouge vif. Donne de la dureté aux alliages. $d = 6.7$.
				5ᵉ Section : *Métaux décomposant l'eau au rouge blanc seulement.* Leurs oxydes sont irréductibles par la chaleur et se forment directement.
PLOMB . . .	Pb	103,5	103,5	. . . . Blanc bleuâtre, coupure fraîche très brillante. Très mou, le moins tenace des métaux, tache le papier. Fond vers 330°, sensiblement volatil. $d = 11.36$.
CUIVRE . . .	Cu	31.8	63.6	. . . . Rouge, susceptible d'un beau poli, très ductile, très malléable, très tenace. Fond vers 1150° : sa vapeur brûle avec une belle flamme verte. $d = 8.85$: par le martelage, $d = 8.95$.
BISMUTH . . .	Bi	210	210	. . . . Blanc jaunâtre, cassant. Fond à 264° (cristaux cuboïdes irisés) ; volatil au rouge. $d = 9,8$. Le bismuth donne de la fusibilité aux alliages.
				6ᵉ Section : *Métal ne décomposant l'eau à aucune température.* Inaltérable à l'air ; son oxyde est irréductible par la chaleur.
ALUMINIUM . .	Al	13,7	27,4	. . . . Blanc bleuâtre, très ductile, très malléable. Fond vers 700° ; il est très peu volatil. Aussi léger que le verre : $d = 2.56$. Il est très sonore. Son dissolvant est HCl. Métal de grand avenir.

Baccalauréat ès sciences et Baccalauréat de l'Enseignement spécial.

				7ᵉ SECTION : *Métaux ne décomposant pas l'eau.* 1ᵉ sous-section : mercure, s'oxydant à l'air aux températures peu élevées. 2ᵉ sous-section : métaux ne s'oxydant à l'air à aucune température.
MERCURE . . .	Hg	100	200	. . . . Liquide blanc, très brillant : se solidifie à — 40°, bout vers 3:0°, émet des vapeurs à toutes températures. $d = 13.60$. Ses alliages se nomment amalgames.
OR	Au	98,3	196,6	. . . . Paraît jaune, mais est rouge-pourpre. Métal le plus ductile, le plus malléable. Fond à 1200°, et donne des vapeurs vertes, mais violettes par réflexion. $d = 19.5$.
ARGENT	Ag	108	108	. . . . Le plus blanc, le plus éclatant des métaux. Le plus ductile, le plus malléable après l'or. Fond à 1000° et donne des vapeurs bleuâtres. $d = 10.50$.
PLATINE	Pt	98.6	197,2	. . . . Blanc gris, très mou, très ductile, très malléable. Fond vers 1700 à 1800°. $d = 21,5$. (Éponge de platine, noir de platine.)
				N.-B. — Les oxydes des métaux de cette section sont réductibles par la chaleur.

Nota. — La partie : *Caractères des bases.* — *Caractères des principaux genres de sels* du programme du baccalauréat de l'enseignement secondaire spécial, ne saurait être résumée ici. On pourra consulter les **Caractères des sels metalliques**, par R. PILLAT, ouvrage qui repond à cette partie du programme.

Principaux composes oxygénes et hydrogenes des MÉTALLOÏDES.

ACIDE HYPOCHLOREUX	ClO	Cl²O	**Liquide** rouge, odeur de chlore. Bout à 20°, sa vapeur est jaune. Très peu stable ; détone violemment. Sa solution aqueuse est un oxydant énergique. PRÉP. $2HgO + 2Cl + HO = HgO, HgCl + ClO. HO$. On agite vivement, dans un flacon plein de chlore, un peu d'eau et d'oxyde rouge de mercure. Il se forme de *l'oxychlorure de mercure.*
ACIDE CHLOREUX . .	ClO³	Cl²O³	**Gaz** jaune, odeur de chlore. $d = 2.64$. Se décompose avec explosion à 70°, ou par Ph ou As. C'est un oxydant. Il donne des sels bien cristallisés. PRÉP. $KO, ClO³ + AsO³ + AzO³, HO = KO, AsO⁵ + AzO³. HO + ClO³$. On chauffe au bain-marie dans un ballon de verre.
ACIDE HYPOCHLORIQUE	ClO⁴	ClO²	**Liquide** rouge foncé, odeur suffocante. Bout à 9°, sa vapeur est jaune-vert. Détone à 63°, ou au contact de certaines matières organiques. Oxydant. PRÉP. $3, KO, ClO⁴ + 4(SO³, HO) = KO, ClO⁷ + 2(KO. HO. 2SO³) + 2HO — 2ClO²$. On chauffe très légèrement au bain-marie dans un tube.
ACIDE CHLORIQUE . .	ClO⁵	Cl²O⁵	**Liquide** jaunâtre, huileux. A 40°, il se décompose en O. Cl et acide perchlorique. Oxydant énergique : donne des sels bien définis. PRÉP. $BaO. ClO⁵ + SO³. HO = BaO, SO⁵ + ClO⁵, HO$. On verse goutte à goutte de l'acide sulfurique dans une solution de chlorate de baryte.

ACIDE PERCHLORIQUE	ClO^7	Cl^2O^7	**Liquide** mobile, incolore ou jaunâtre, odeur de chlore. Il retient toujours un équivalent d'eau. Bout à 110°. Concentré, il est instable. Très avide d'eau. L'acide étendu est très stable et n'est pas même réduit par SO^2, HS ou Zn. Le perchlorate de potasse est peu soluble dans l'eau. Prép. $2KO, ClO^5 = KCl + KO, ClO^7 + 4O$. On calcine modérément le chlorate de potasse; le résidu traité par l'eau bouillante abandonne KCl.
ACIDE CHLORHYDRIQUE	HCl	HCl	**Gaz** incolore, odeur piquante, saveur acide. $d = 1.247$. Liquéfié a — 80°. Très soluble dans l'eau. $S_0 = 500$. Donne divers hydrates. Acide très énergique. Prép. $NaCl + SO^3, HO = NaO, SO^4 + HCl$. On emploie le sel marin fondu; on chauffe à peine. (Cuve à mercure ou appareil de Woulf.) Dans l'industrie. — C'est le résidu de la préparation du sulfate de soude: procédé des *cylindres*, procédé des *fours*.
ACIDE HYPOBROMEUX	BrO	Br^2O	**Liquide** brun, ayant les plus grandes analogies avec l'acide hypochloreux. Prép. Se prépare d'une façon analogue à celle qui donne l'acide hypochloreux.
ACIDE BROMIQUE . .	BrO^5	Br^2O^5	Sa dissolution concentrée est incolore, sirupeuse; elle se décompose avant 100°. C'est un oxydant énergique. Corps très acide. Prép. 1° Se prépare comme l'acide chlorique, par le bromate de potasse; 2° ou par la décomposition du chlorure de brome par l'eau : $BrCl^5 + 6HO = 5HCl + BrO^5, HO$.
ACIDE PERBROMIQUE.	BrO^7	Br^2O^7	Corps peu connu. Prép. On traite l'acide perchlorique par le brome qui se substitue au chlore.
ACIDE BROMHYDRIQUE	HBr	HBr	**Gaz** incolore, odeur vive, fume à l'air. $d = 2.80$. Très soluble : $S_0 = 600$. Liquéfié à — 69°, solidifié à — 73°. Prép. $PhBr^3 + 6HO = PhO^3, 3HO + 3HBr$. Cornue en verre où l'on chauffe légèrement du phosphore *rouge*, du brome et de l'eau.
ACIDE IODIQUE . . .	IoO^5	Io^2O^5	**Solide** cristallisé en lamelles hexagonales de formule IoO^5, HO, solubles dans l'eau. Devient anhydre à 290°, et se décompose à 300° en iode et en oxygène. Prép. $BaO, IoO^5 + SO^3, HO = BaO, SO^4 + IoO^5 HO$. On traite par l'acide sulfurique étendu, à chaud, l'iodate de baryte en *suspension* dans l'eau.
ACIDE HYPERIODIQUE.	IoO^7	Io^2O^7	**Solide** cristallisé en prismes de formule $IoO^7, 3HO$. Fond à 130°, et se décompose à 200° en eau, oxygène et acide iodique. Corps déliquescent. Prép. $NaO, IoO^5 + 2NaO + 2Cl = 2NaCl + NaO, IoO^7$. L'hyperiodate de soude insoluble de cette réaction est dissous dans l'acide azotique, puis transformé en hyperiodate de plomb insoluble, qu'on décompose par l'acide sulfurique étendu.
ACIDE IODHYDRIQUE.	HIo	HIo	**Gaz** acide, incolore, fume à l'air. $d = 4.44$. Très soluble : $S_v = 425$. Liquéfié à — 35°. Il brûle dans l'oxygène. Prép. $PhI^3 + 6HO = PhO^3, 3HO + 3HIo$. Flacon à trois tubulures où l'on chauffe au bain-marie du phosphore rouge, de l'iode et de l'eau.

ACIDE FLUORHYDRIQUE	HFl	HFl	**Liquide** bien fluide qui bout à 19°; odeur piquante, saveur brûlante. Fume à l'air. En présence d'un peu d'eau, il attaque le verre. Prép. $CaFl + SO^3,HO = CaO,SO^3 + HFl$. Cornue en plomb en trois pièces; on recueille le produit dans un tube en plomb refroidi.
ACIDE SULFUREUX . .	SO²	SO²	**Gaz** incolore, odeur piquante et suffocante, provoque la toux. $d = 2.234$. Très soluble : $S_o = 70$. Liquéfié vers — 8°; solidifié vers — 75°. Prép. — *Laboratoire* : 1° $Hg + 2(SO^3,HO) = HgO.SO^3 + 2HO + SO^2$ 2° $Cu + 2(SO^3.HO) = CuO,SO^3 + 2HO + SO^2$ — On chauffe légèrement dans un ballon. Le gaz est recueilli sur la cuve à mercure. 3° $C + 2(SO^3,HO) = CO^2 + 2HO + 2SO^2$. On chauffe dans un ballon des *fragments de charbon de bois* baignés d'acide. — Appareil de Woulf. *Industrie* : 4° $S + 2(SO^3,HO) = 2HO + 3SO^2$. Cornue de fonte tubulée : sur le soufre fondu on fait arriver un filet d'acide sulfurique. 5° $S + 2O = SO^2$; $2FeS^2 + 11O = Fe^2O^3 + 4SO^2$. Combustion du soufre ou grillage des pyrites à l'air : le gaz est mêlé à l'azote de l'air.
ACIDE SULFURIQUE ANHYDRE	SO³	SO³	**Solide** blanc en longues aiguilles soyeuses. Très avide d'eau. Il se vaporise, puis fume à l'air. $d = 1.97$. Deux variétés, fondant l'une à 18°, l'autre à 100°. Prép. $(2SO^3),HO = SO^3.HO + SO^3$. On distille dans une cornue de verre, au-dessous de 100°, l'acide sulfurique de Nordhausen.
ACIDE SULFURIQUE ORDINAIRE . . .	SO³,HO	SO⁴H²	**Liquide** incolore, inodore, huileux. $d = 1.84$. Il bout vers 325° et se congèle à — 34°. [Le vrai *acide normal* bout à 290° et se solidifie à 10°.5; l'autre a un peu plus d'eau.] Prép. $SO^2 + AzO^3,HO = AzO^4 + SO^3.HO$: L'acide sulfureux, produit de la combustion du S ou des pyrites, rencontre des produits azotés et s'oxyde partiellement. $2AzO^4 + 2HO = AzO^3,HO + AzO^5.HO$: Les vapeurs nitreuses produites se décomposent par la vapeur d'eau en acide azotique et en acide azoteux. $SO^2 + AzO^3,HO = AzO^2 + SO^3.HO$: L'acide azoteux est l'agent spécial de l'oxydation de l'acide sulfureux; il est réduit à l'état de bioxyde. $AzO^2 + 2O = AzO^4$: Le bioxyde d'azote est transformé en vapeurs nitreuses, et les trois dernières réactions se reproduisent.
ACIDE SULFURIQUE DE NORDHAUSEN . . .	2(SO³),HO	S²O⁷H²	**Liquide** oléagineux fumant à l'air; il est exempt de produits nitreux et sert à cause de cela pour dissoudre l'indigo. Prép. — Calcination du sulfate de fer produit dans l'oxydation des schistes pyriteux, à l'air, au contact de l'eau.

Nom		Formules	Propriétés et préparation
ACIDE SULFHYDRIQUE OU HYDROGÈNE SULFURÉ		HS — H^2S	**Gaz** incolore, odeur d'œufs pourris. $d = 1,19$. L'eau à 0° en dissout environ 4 volumes. Facilement liquéfiable; on l'a solidifié. Combustible: flamme bleue. Poison. Prép. { 1° $FeS + HCl = FeCl + HS$. Appareil à hydrogène. Comme FeS artificiel contient du fer libre, le gaz est mêlé d'hydrogène. 2° $SbS^3 + 3HCl = SbCl^3 + 3HS$. On chauffe dans un ballon le sulfure d'antimoine et l'acide chlorhydrique concentré.
BISULFURE D'HYDROGÈNE		HS^2 — H^2S^2	**Liquide** jaune, odeur désagréable. Combustible. Propriétés singulières, analogues à celles de l'eau oxygénée. Prép. $CaS^2 + HCl = CaCl + HS^2$. On décompose dans un entonnoir, au moyen de HCl, une bouillie de bisulfure de calcium. Le HS^2 se réunit au fond.
ACIDE HYPOSULFUREUX		S^2O^2,HO — $S^2O^2.H^2O$	**Pas** étudié, parce qu'il se décompose au sein de sa dissolution. Les hyposulfites alcalins sont très importants, ils s'obtiennent en faisant bouillir les sulfites avec la fleur de soufre.
ACIDE HYPOSULFURIQUE		S^2O^5,HO — $S^2O^5H^2$	**Liquide** incolore, sirupeux, obtenu en décomposant par l'acide sulfurique l'hyposulfate de baryte en dissolution, et évaporant dans le vide.
Série des ACIDES THIONIQUES	*Acide trithionique*	S^3O^5,HO — $S^3O^6H^2$	**Liquides** incolores se décomposant par concentration dans le vide, et par ébullition alors même qu'ils sont étendus. On les prépare en décomposant leur sel de baryte par l'acide sulfurique étendu.
	Acide tétrathionique	S^4O^5,HO — $S^4O^6H^2$	
	Acide pentathionique	S^5O^5,HO — $S^5O^6H^2$	
ACIDE SÉLÉNIEUX		SeO^2 — SeO^2	**Solide** volatil, très soluble, obtenu par la combustion du sélénium ou par son oxydation au moyen de l'acide azotique.
ACIDE SÉLÉNIQUE		SeO^3 — SeO^3	**Liquide** très avide d'eau, qui bout à 280°. Il n'est pas connu à l'état anhydre. On l'obtient en traitant par HS le séléniate de plomb en suspension dans l'eau.
ACIDE SÉLÉNHYDRIQUE		HSe — H^2Se	**Gaz** à odeur infecte, soluble dans l'eau, dangereux à respirer. Combustible. On le prépare en traitant le séléniure de fer par l'acide sulfurique étendu.

Baccalauréat ès sciences et Baccalauréat de l'Enseignement spécial

ACIDE TELLUREUX	TeO^2	TeO^2	**Solide** très peu soluble dans l'eau. obtenu comme l'acide sélénieux.
ACIDE TELLURIQUE	TeO^3	TeO^3	**Solide** cristallisé ($TeO^3.3HO$) soluble dans l'eau: devenant. au rouge sombre. anhydre, jaune orangé et insoluble dans l'eau. Même prépa:ation que S^2O^3.
ACIDE TELLURHYDRIQUE	HTe	H^2Te	**Gaz** incolore. soluble dans l'eau. Combustible. Il se prépare d'une manière analogue à celle de HSe.
SULFURE DE CARBONE	CS^2	CS^2	**Liquide** incolore. très mobile, odeur éthérée *s'il est pur*, ordinairement odeur fetide. $d = 1.2^93$. Bout à $45°$. Se vaporise rapidement. Très combustible. PRÉP. $C + S^2 = CS^2$. Action directe du soufre sur du charbon porté au rouge. C. le purifie par distillation.
PROTOXYDE D'AZOTE	AzO	Az^2O	**Gaz** incolore, inodore, saveur sucrée. $d = 1.527$. Moyennement soluble : $S_e = 1{,}3$: $S_{1s} = 0{,}78$; liquéfié à $0°$ et à 30 at.. solidifié à $- 100°$. Anesthesique. PRÉP. $AzH^4O, AzO^5 = 2AzO + 4HO$. On chauffe l'azotate d ammoniaque vers $240°$ dans une petite cornue de verre; il ne reste rien.
BIOXYDE D'AZOTE	AzO^2	AzO	**Gaz** incolore; à l'air il se transforme en AzO^4: $d = 1.039$. Très peu soluble : $S = 1/30$. Liquéfié par M. Cailletet. Comburant pour les corps *bien enflammés*. PRÉP. $3Cu + 4(AzO^5.HO) = 3(CuO. AzO^5) + 4HO + AzO^2$. Appareil à hydrogène.
ACIDE AZOTEUX	AzO^3	Az^2O^3	**Liquide** bleu très instable, bouillant vers $0°$. Sa solution étendue est incolore. stable, et joue le rôle de corps oxydant ou de corps réducteur. PRÉP. 1° On oxyde le bioxyde d'azote par un peu d'oxygène à $- 40°$. — 2° On dédouble l'acide hypoazotique par de l'eau à $0°$ ($2AzO^4 = AzO^3 + AzO^5$).
ACIDE HYPOAZOTIQUE	AzO^4	AzO^2	**Liquide** jaune à $0°$, rouge brun à $20°$. $d = 1.45$. Bout à $22°$. en donnant des vapeurs rutilantes, de densité égale à 1.59. PRÉP. $PbO. AzO^5 = PbO + O + AzO^4$. L'azotate *bien sec* est chauffé dans une cornue en verre; on recueille dans un tube en U refroidi.
ACIDE AZOTIQUE ANHYDRE	AzO^5	Az^2O^5	**Solide** en cristaux incolores qui fondent à $30°$. Corps se décomposant spontanément même en vase clos. Oxydant énergique. PRÉP. $AgO. AzO^5 + Cl = AgCl + AzO^5 + O$. Courant lent de Cl sec sur le nitrate sec maintenu à $60°$ dans un tube en U.
ACIDE AZOTIQUE	$AzO^5. HO$ $AzO^5. 4HO$	AzO^3H	*Monohydraté.* — Liquide incolore (celui du commerce est jauni par AzO^4). $d = 1.52$. Bout à $86°$. Se décompose partiellement à la lumière. Très corrosif. *Quadrihydraté.* — Liquide incolore. même dans le commerce. $d = 1.42$. Bout à $123°$. PRÉP. { *Laboratoires.* $KO. AzO^5 + 2(SO^3, HO) = KO.HO,2SO^3 + AzO^5, HO$. Cornue en verre suivie d'un ballon refroidi dans lequel se condense l'acide. *Industrie.* $NaO,AzO^5 + 2(SO^3. HO) = NaO,HO,2SO^3 + AzO^5,HO$. Chaudières en fonte; la condensation se fait dans une série de bonbonnes de grès contenant un peu d'eau.

AMMONIAQUE . . .	AzH^3	AzH^3	**Gaz** incolore, odeur vive provoquant les larmes, saveur âcre. $d = 0,596$. Très soluble : $S_e = 1147$. Liquéfié à 10° à 6ᵃᵗ 1/2 (chlorure d'argent ammoniacal). Prép. { *Gaz ammoniac.* $AzH^3,HCl + CaO = CaCl + HO + AzH^3$. Ballon légèrement chauffé. Éprouvette à potasse caustique pour dessécher. Cuve à mercure. *Dissolution.* $AzH^3,HO.SO^3 + CaO = CaO.SO^3 + HO + AzH^3$. Ballon légèrement chauffé suivi de l'appareil de Woulf.
ACIDE HYPOPHOSPHOREUX	$PhO,3HO$	PhO^2H^3	**Liquide** visqueux difficilement cristallisable, très avide d'oxygène, en sorte qu'il est un réducteur énergique. Prép. $BaO.2HO.PhO + SO^3,HO = BaO.SO^3 + PhO,3HO$. On décompose à froid l'hypophosphite de baryte par SO^3,HO, et on évapore dans le vide.
ACIDE PHOSPHOREUX.	PhO^3 $PhO^3,3HO$	Ph^2O^3 PhO^3H^3	*Anhydre* : **poussière** blanche, volatile, combustible, avide d'eau, obtenue par oxydation directe du Ph. *Hydraté* : **solide** cristallisé avec 3 équivalents d'eau. Prép. $PhCl^3 + 6HO = 3HCl + PhO^3,3HO$. Courant de Cl arrivant dans une cornue, portée à 50°, où se trouvent de l'eau et du Ph. On chasse HCl par ébullition.
ACIDE PHOSPHORIQUE ANHYDRE	PhO^5	Ph^2O^5	**Solide** blanc pulvérulent; fond au rouge, se volatilise au rouge blanc. Très avide d'eau, au contact de laquelle il produit un sifflement aigu. Prép. $Ph + 5O = PhO^5$. Courant d'air sec sur du phosphore enflammé contenu dans une nacelle au centre d'un grand ballon.
ACIDE PHOSPHORIQUE ORDINAIRE	$PhO^5,3HO$	PhO^4H^3	**Solide** blanc cristallisé, fusible à 42°; au rouge, il perd 2 équiv. lents d'eau. Soluble dans l'eau. Prép. $3Ph + 5(AzO^5,2HO) = 5AzO^2 + HO — 3(PhO^5,3HO)$. On oxyde, dans une cornue de verre, des bâtons de phosphore par de l'acide nitrique très étendu et à chaud.
ACIDE PYROPHOSPHORIQUE	$PhO^5,2HO$	$Ph^2O^7H^4$	**Solide** blanc difficilement cristallisable; au rouge, il perd un équivalent d'eau. Dans l'eau bouillante il se transforme rapidement en acide ordinaire. Prép. $2(PbO,PhO^5) + 2HS = 2PbS + PhO^5,2HO$. Courant d'hydrogène sulfuré dans de l'eau tenant en suspension du pyrophosphate de plomb. L'acide pyrophosphorique reste en dissolution; on le sépare, par décantation, de PbS insoluble.
ACIDE MÉTAPHOSPHORIQUE	PhO^5,HO	PhO^3H	**Solide** incristallisable, aspect vitreux. Volatil au rouge. Très soluble dans l'eau, dans laquelle il se transforme peu à peu pour donner les deux autres acides. Prép. { 1° $2(AzH^4O),HO.PhO^5 = 2AzH^3 + 2HO + PhO^5,HO$. Calcination au rouge, dans un creuset de platine, du phosphate d'ammoniaque du commerce. 2° $PbO,PhO^5 + HS = PbS + PhO^5,HO$. Courant d'hydrogène sulfuré, comme pour l'acide pyrophosphorique.

HYDROGÈNE PHOSPHORÉ	PhH^2	PhH^3	**Gaz** incolore, odeur d'ail. $d = 1,185$. Peu soluble dans l'eau : $S = 1, 8$. Spontanément inflammable à l'air, à 100° s'il est pur, a la température ordinaire s'il est impur. Prép. { 1° $4Ph + 3CaO + 9HO = 3(CaO.2HO.PhO) + PhH^2$. Chauffer légèrement un ballon rempli de chaux (Hypophosphite de chaux) et de quelques boulettes formées de chaux éteinte et de phosphore. 2° Décomposer par l'eau le phosphure de calcium Ca^2Ph; le gaz est mêlé de phosphure liquide et d'hydrogène.
PHOSPHURE { **LIQUIDE**	PhH^2	PhH^2	**Liquide** incolore, insoluble dans l'eau : inflammable spontanément à l'air; se décompose à 30°. On l'obtient en traitant le Ca^2Ph par l'eau à 50°, dans l'obscurité.
{ **SOLIDE.**	Ph^2H	Ph^2H	**Poudre** jaune, insoluble dans l'eau: inflammable à 160° à l'air; se décompose à 180°. On l'obtient au moyen du phosphure gazeux spontanément inflammable.
ACIDE ARSÉNIEUX	AsO^3	As^2O^3	**Solide** blanc pulvérulent (dans le commerce), inodore, saveur âcre: excite la salivation. Peu soluble : $S = 1/80$. Volatil, sans fusion au rouge. Dimorphe et amorphe. Prép. $As + O^3 = AsO^3$. On grille dans un courant d'air l'arsenic ou les minerais d'arsenic: l'acide est entraîné.
ACIDE ARSÉNIQUE	AsO^5	As^2O^5	**Solide** blanc fondant au rouge alors qu'il est anhydre. Se dissout lentement dans l'eau: par évaporation à l'air on a des cristaux $AsO^5.3HO + HO$. Il y a plusieurs acides hydratés. Prép. $3As + 5(AzO.2HO) = 5AzO^2 + HO + 3(AsO^5,3HO)$. Comme pour $PhO^5,3HO$. En portant au rouge sombre, on a l'acide anhydre.
HYDROGÈNE ARSÉNIÉ.	AsH^3	AsH^3	**Gaz** incolore, odeur d'ail. $d = 2,70$. Peu soluble : $S = 1,5$. Brûle avec une flamme livide. Décomposable par la chaleur en hydrogène et arsenic métallique. Prép. $AsZn^3 + 3(SO^3.HO) = 3(ZnO.SO^3) + AsH^3$. On remplace, dans l'appareil à hydrogène, le zinc par l'alliage d'arsenic et de zinc.
CYANOGÈNE.	$Cy = C^2Az$	C^2Az	**Gaz** incolore, odeur pénétrante. $d = 1,806$. L'eau en dissout 4 fois son volume. Aisément liquéfiable. Combustible : flamme pourpre violacée. Prép. $HgC^2Az = Hg + C^2Az$. Chauffer dans une cornue le cyanure de mercure *bien sec*; il reste du *paracyanogène*.
ACIDE CYANHYDRIQUE	HCy	HCy	**Liquide** incolore, odeur d'amandes amères. $d = 0,65$. Bout à 26°, se solidifie à — 15°. Très soluble dans l'eau. Brûle avec une flamme violacée. Le plus violent des poisons. Prép. $HgCy + HCl = HgCl + HCy$. L'appareil comprend un ballon chauffé, un tube horizontal (marbre et $CaCl$), un tube en U refroidi.
OXYDE DE CARBONE.	CO	CO	**Gaz** incolore, inodore, insipide. $d = 0,967$. Très peu soluble : $S = 35/1000$. Combustible. Très délétère. Liquéfié par Cailletet. Prép. { 1° $C^4O^6,6HO + 6(SO^3.HO) = 2CO^2 + 2CO + 6(SO^3.2HO)$. Chauffer dans un ballon le mélange des deux acides oxalique et sulfurique. Un flacon à KO,HO retient CO^2. 2° $ZnO + C = Zn + CO$. Calciner le mélange dans lequel le charbon doit entrer en excès.

ACIDE CARBONIQUE.	CO^2	CO^2	**Gaz** incolore, odeur piquante, saveur aigrelette. $d = 1.529$; assez soluble : $S_0 = 1.80$. Liquéfié à 0° à 36 at. : se solidifie par détente. Impropre à la respiration. PRÉP. { *Laboratoire:* $CaO.CO^2 + HCl = CaCl + CO^2 + HO$. Appareil à hydrogène. { Dans l'industrie, on emploie un agitateur mécanique pour détacher le sulfate de chaux formé. *Industrie :* $CaO,CO^2 + SO^3.HO = CaO,SO^3 + CO^2 + HO$.
ACIDE SILICIQUE . .	SiO^2	SiO^2	*Silice anhydre cristallisée* ou *quartz :* corps dur rayant le verre. $d = 2.6$. Fond au chalumeau à gaz oxygène et hydrogène en un verre de densité 2,2. *Silice anhydre amorphe :* poudre blanche insoluble dans l'eau : donne aussi un verre de densité 2.2. *Silice hydratée* ou *gelatineuse :* corps blanc gelatineux, un peu soluble dans l'eau, très soluble dans les acides et dans les solutions alcalines. Calcinée, cette silice devient anhydre. PRÉP. On obtient la silice gelatineuse en versant de l'acide chlorhydrique dans du silicate de soude dissous dans l'eau (liqueur des cailloux).
ACIDE HYDROFLUO-SILICIQUE.	$HFl,SiFl^2$	$SiFl^4,2HFl$	Acide connu seulement à l'état de dissolution. C'est un précieux réactif des sels de potasse. On l'emploie pour durcir les pierres calcaires (silicatisation). PRÉP. $3SiFl^2 + 2HO = 2(HFl,SiFl^2) + SiO^2$. On fait arriver le fluorure de silicium au fond d'une éprouvette à pied contenant du mercure et de l'eau.
ACIDE BORIQUE . . .	$BoO^3,3HO$	BoO^3H^3	**Solide** en lamelles brillantes, nacrées, douces au toucher. $d = 1.54$. Il subit la fusion ignée en devenant anhydre, et alors il se volatise lentement. Un peu soluble. PRÉP. S'extrait des *suffioni* de la Toscane, qui sont des jets de gaz et de vapeurs entraînant de l'acide borique.
EAU	HO	H^2O	*Etat solide.* — Cristallisée en prismes hexagonaux : glace, neige. $d = 0.916$. Expansion de l'eau se congelant. Le point de fusion de la glace est le zéro du thermomètre. *L'état liquide.* — L'eau pure est incolore sous une petite épaisseur, bleu indigo sous une grande. Elle est inodore, insipide. $d_0 = 0.999873$, $d_4 = 1$. *Etat gazeux.* — La vapeur d'eau est incolore, plus légère que l'air. $d = 0.623$.
EAU OXYGÉNÉE . . .	HO^2	H^2O^2	Liquide incolore, inodore, d'une saveur métallique désagréable, d'une consistance sirupeuse. $d = 1.45$. Corps instable, à moins qu'il ne soit très étendu. PRÉP. $BaO^2 + HCl = BaCl + HO^2$. On verse du bioxyde de baryum dans de l'acide chlorhydrique concentré fumant et refroidi à 0°.

CHIMIE ORGANIQUE

	(1)	(2)	
ACÉTYLÈNE	C^4H^2	C^2H^2	**Gaz** incolore, odeur fétide. $d = 0,92$. Soluble dans son volume d'eau ; liquéfié à 48^{atm} à $1°$. — Vénéneux. La chaleur le polymérise (benzine $C^{12}H^6$). Combustible : flamme éclairante et fuligineuse. Mélange détonant. La synthèse directe de ce corps a été réalisée par M. Berthelot. Prép. $\{$ C^4H^2. $2Cu^2O + 2HCl = 2Cu^2Cl + 2HO + C^4H^2$. / acétylure de cuivre. — L'acétylure de cuivre, qui est une poudre rouge, est traité par l'acide dans un petit ballon de verre ; le gaz est recueilli sous la cuve à mercure.
GAZ OLÉFIANT [3] . . Éthylène. Bicarbure.	C^4H^4	C^2H^4	**Gaz** incolore, faible odeur empyreumatique. $d = 0,97$. Assez soluble : $S = 1/6$; liquéfié à 45^{atm} à $1°$. Donne l'huile des Hollandais ($C^1H^4Cl^2$). La chaleur le dédouble d'abord en C^4H^2 et H^2, puis donne des produits complexes. Très combustible : flamme blanche éclairante. Mélange détonant. Prép. $\{$ $C^4H^6O^2 + 2(SO^3,HO) = 2(SO^3,2HO) + C^4H^4$. / alcool. — Le mélange refroidi d'alcool et d'acide est porté à $165°$ dans une cornue. Deux flacons laveurs : 1er KO,HO pour SO^2 et CO^2 ; $2°$ SO^3,HO pour éther.
GAZ DES MARAIS . . Formène. Méthane. Protocarbure.	C^2H^4	CH^4	**Gaz** incolore, inodore, insipide. $d = 0,559$. Très peu soluble ; très difficilement liquéfiable. Le formène est saturé ; il ne se combine directement, par addition, avec aucun corps. Très combustible : flamme jaune peu éclairante. Mélange détonant. Prép. $\{$ $(NaO, C^4H^3O^3 + NaO, HO, = 2(NaO, CO^2) + C^2H^4$. / acétate de soude. — L'acétate mêlé à de la chaux sodée est chauffé dans une cornue munie d'un tube de sûreté.
CHLOROFORME . . .	C^2HCl^3	$CHCl^3$	**Liquide** incolore, odeur suave, saveur sucrée ; insoluble dans l'eau s'il est pur. $d = 1,48$. Bout à $60°,8$, solidifié à $-70°$. Dissout S, Ph, Io et corps gras. Brûle difficilement. Anesthésique puissant mais dangereux. Prép. $\{$ On chauffe dans un alambic un mélange d'eau, d'alcool éthylique, de chlorure de chaux et de chaux éteinte. Les trois premiers corps donne du chloral ($C^4HCl^3O^2$) que la chaux dédouble en chloroforme et en formiate de chaux.

(1) Formules des corps en équivalents.
(2) Formules des corps en poids atomiques.
(3) Lorsqu'un corps a plusieurs noms, nous mettons en premier lieu et en caractères gras celui par lequel il est désigné dans le programme du Baccalauréat de l'Enseignement spécial.

PÉTROLES. . . . . . Huiles de pierre.			**Liquides** naturels constitués surtout par une série d'hydrocarbures homologues du méthane (carbures complets). Ils existent dans le sein de la terre. On en extrait : 1° l'éther de pétrole (de 45° à 70°); 2° l'essence de pétrole ou huiles légères (de 70° à 120°); 3° le pétrole ordinaire ou huile de pétrole (de 120° à 280°); 4° les huiles lourdes (de 280° à 400°) déposant la *paraffine*, belle substance blanche, cireuse, fondant à partir de 56°; 5° enfin les goudrons, corps mal connus, qui se décomposent au-dessus du rouge en carbures combustibles. La *vaseline*, graisse onctueuse, inodore, se retire des pétroles en oxydant à l'air leurs résidus non volatils et filtrant à chaud sur du noir animal.
ESSENCE DE TÉRÉBENTHINE Térébenthène (lévogyre) Australène (dextrogyre)	$C^{20}H^{16}$	$C^{10}H^{16}$	**Liquide** incolore, mobile, odeur spéciale bien connue. Bout vers 156°. $d = 0{,}87$. Il se résinifie à l'air et devient visqueux. Dissolvant précieux du S, du Ph, des matières grasses, des résines, du caoutchouc. Combustible : flamme fuligineuse. Prép. { Cette essence s'extrait de la térébenthine, suc semi-liquide qui s'écoule des incisions faites aux pins, et composé d'essence et de *colophane*. Ce suc est distillé soit à la vapeur d'eau, soit directement. On rectifie sur du chlorure de calcium.
BENZINE	$C^{12}H^{6}$	$C^{6}H^{6}$	**Liquide** incolore, odeur spéciale, très mobile. $d = 0{,}90$. Bout à 80°, se solidifie à 0°. Soluble dans l'alcool, l'éther, mais non dans l'eau. Dissolvant du S, du Ph, de l'Io, du camphre, des corps gras, du caoutchouc. Combustible : flamme fuligineuse et éclairante. Prép. { La benzine s'obtient par distillation fractionnée des *huiles légères* du goudron, débarrassées des alcalis et des phénols par des lavages successifs à SO^{3},HO et à la soude. On rectifie, et on fait suivre de cristallisations par refroidissement.
TOLUÈNE . . . . . . Méthylbenzine	$C^{14}H^{8}$	$C^{7}H^{8}$ $C^{6}H^{4}(CH^{2})$	**Liquide** analogue à la benzine, odorant, très mobile, réfringent. Bout à 110°. $d = 0{,}87$. Combustible. Prép. On distille le baume de Tolu; ou on l'extrait des goudrons de houille, comme la benzine.
NAPHTALINE	$C^{20}H^{8}$	$C^{10}H^{8}$	**Solide** en belles lamelles cristallines incolores, à odeur de goudron, et d'une saveur à la fois âcre et aromatique. Fond à 79°, bout vers 218°. Soluble dans l'alcool, l'éther, mais non dans l'eau. Combustible : flamme très fuligineuse. Prép. { On l'extrait, par refroidissement, des huiles lourdes du goudron de houille, et on purifie par sublimation et par cristallisation dans l'alcool.
ANTHRACÈNE	$C^{28}H^{10}$	$C^{14}H^{10}$	**Solide** en lamelles blanches brillantes, à reflets violacés. Fond à 210°, se sublime vers 230°, bout vers 350°. Soluble dans l'alcool bouillant. Il répand une odeur désagréable, irritante, en se sublimant. C'est la matière première de la fabrication de l'alizarine; de là son importance. Prép. { On l'extrait, par pression, du produit qui cristallise au sein des huiles lourdes débarrassées de la naphtaline; on purifie par sublimation et cristallisation dans la benzine, avec le concours de la lumière solaire.

GOUDRONS DE HOUILLE	....		Le poids des goudrons est d'environ 6 % de la houille distillée. Dans les usines à gaz cés goudrons se condensent dans les barillets avec des eaux alcalines. A la distillation, 100 parties de goudron donnent en moyenne : 2.5 Eaux ammoniacales. 8.0 Huiles légères. Elles renferment surtout la benzine et ses homologues, puis d'autres carbures, des phénols, des alcaloïdes, etc. 15 à 25.0 Huiles lourdes. Elles distillent depuis 200° et elles renferment : aniline, phénol, naphtaline, anthracène, paraffine, etc. 65 à 75,0 Brai. Il sert à faire les *agglomérés*.
ALCOOL ORDINAIRE. . . Alcool vinique Alcool ethylique Esprit de vin	$C^4H^6O^2$ $C^4H^5(H^2O^2)$	C^2H^3O $C^2H^5(OH)$	**Liquide** incolore, très fluide, odeur agréable, saveur chaude et caustique. $d = 0.79$ à 15°. Bout à 78°,4. Devient visqueux vers — 80° et se solidifie à — 130°. Dissolvant précieux des résines, des corps gras, de l'Io et du Ph. Coagule la gélatine, l'albumine. Injecté dans les veines, il cause la mort. L'alcool se dissout dans l'eau en toutes proportions, et cette dissolution est accompagnée de dégagement de chaleur et d'une contraction: les deux corps s'unissent même. L'alcool brûle avec une flamme bleuâtre, très chaude, peu éclairante. Prép. { 1° *de l'alcool absolu*. — Digestion pendant 24 heures de l'alcool du commerce avec de la chaux vive. Distillation au bain-marie. Nouvelle digestion avec de la baryte caustique. 2° *des liquides alcooliques de diverses origines*. Par *fermentation* des liquides sucrés, au moyen de la *levure de bière* (vég't formé de chapelets de globules croissant aux dépens du sucre). La réaction $C^{12}H^{12}O^{12}$ (glucose $= 2C^4H^6O^2 + 4CO^2$, admise par Gay-Lussac, n'est pas la seule; il se forme, en outre, d'après Pasteur, de la glycérine, de l'acide succinique, de la cellulose, des matières grasses.
ÉTHER ORDINAIRE . . Éther éthylique Éther sulfurique	$C^4H^5(C^4H^5O^2)$	$(C^2H^5)^2O$	**Liquide** incolore, très mobile, odeur suave et forte, saveur âcre et brûlante. $d = 0.75$ environ. Bout vers 35°, se solidifie vers — 31°. Dissout le S, le Ph, l'Io, les huiles et les graisses. Brûle avec une flamme très blanche; donne des mélanges détonants violents. Prép. { 1° $C^4H^6H^2O^2) + 2SO^3,HO$ (alcool) $= 2HO + C^4H^5(2SO^3.HO)$ (acide éthylsulfurique). L'*éthérification* comprend deux réactions : 1° formation de l'acide éthylsulfurique et de l'eau pure, par l'action de l'acide sulfurique sur l'alcool; 2° formation d'éther par l'action de l'alcool sur le premier produit. 2° $C^4H^6O^2 + C^4H^5(2SO^3,HO) = 2SO^3,HO + C^4H^4(C^4H^6O^2)$ (éther). L'alcool est versé à mesure: l'éther distille et est condensé par un réfrigérant de Gay-Lussac. On rectifie.

ÉTHER ACÉTIQUE. . . Acétate d'éthyle	$C^8H^4(C^4H^4O^4)$	$C^2H^3(C^2H^3O^2)$	**Liquide** incolore, odeur éthérée très agréable. $d = 0,91$. Bout à 74°. Dissout les résines, le coton-poudre. La potasse le saponifie en régénérant l'alcool. Prép. — Distiller dans une cornue le mélange : acétate de soude, acide sulfurique concentré, alcool. On rectifie sur CaCl.
ÉTHER NITRIQUE. . . Nitrate d'éthyle	$C^4H^4(HO,AzO^5)$	C^2H^3,O,AzO^5	**Liquide** incolore, odeur douce et agréable. $d = 1,13$. Bout à 86°. Sa vapeur détone avec violence à 140°. Saponifié par la potasse. Prép. — Chauffer dans une cornue de l'acide azotique concentré et de l'alcool. Ajouter de l'*azotate d'urée* pour éviter la réduction de l'acide.
ÉTHER CHLORHYDRIQUE Chlorure d'éthyle	$C^4H^4(HCl)$	C^2H^3Cl	**Liquide** incolore, odeur forte, saveur sucrée et un peu alliacée. $d = 0,92$. Bout vers 12°. Ne se conserve qu'en tubes scellés. Brûle avec une flamme verte. Prép. — Saturer par le gaz HCl de l'alcool refroidi ; distiller au bain-marie. Ou bien chauffer NaCl avec SO^4,HO et alcool.
ALCOOL MÉTHYLIQUE. Hydrate de méthyle Esprit de bois	$C^2H^4O^2$	CH^4O	**Liquide** incolore, mobile, odeur éthérée (quand il est pur). $d = 0,814$. Bout à 66°,5. Dissout les résines, les huiles, les matières grasses, les matières colorantes. Il brûle avec une flamme bleuâtre pâle, peu éclairante. Prép. { La distillation du bois donne. 1° Produits volatils : esprit de bois, acide acétique, eau, goudrons. 2° Résidu solide : charbon. Les premiers produits séparés des goudrons par décantation sont distillés à la vapeur ; l'acide acétique est arrêté par de la chaux et du sulfate de soude : les liquides non acides sont rectifiés sur de la chaux vive, puis traités par SO^3, HO ; ils sont rectifiés de nouveau sur de la chaux, et enfin sur CaCl.
GLYCÉRINE	$C^6H^8O^6$ $C^6H^5(H^2O^2)^3$	$C^3H^8O^3$	**Liquide** incolore, très sirupeux, saveur sucrée, inodore à froid. $d = 1,26$ à 15°. Se solidifie au-dessous de 0°, mais ne fond plus que vers 17°. Bout vers 280° en s'altérant un peu. Soluble dans l'eau. Ses vapeurs brûlent à l'air. C'est un alcool tribasique s'éthérifiant en trois phases. Prép. — Scheele (1779) a découvert la glycérine en saponifiant l'axonge par l'oxyde de plomb ; aujourd'hui encore elle s'obtient par la saponification des corps gras : c'est un résidu de la fabrication des bougies.
CORPS GRAS NEUTRES (Ce sont des éthers composés de la glycérine.)	. . . . . .	. . . .	Substances naturelles, neutres, onctueuses, laissant sur le papier une tâche translucide fixe, et qui comprennent plusieurs principes immédiats : *oléine* $C^6H^5(C^{36}H^{34}O^4)^3$, liquide ; *margarine* $C^6H^5(C^{34}H^{32}O^4)^3$, solide nacré, fond à 47° ; *stéarine*, $C^6H^5(C^{36}H^{35}O^4)^3$, solide blanc, fond vers 65°. Ces principes sont des éthers et se saponifient. Les corps gras ne sont pas volatils ; ils sont solubles dans l'alcool, l'éther, l'essence. Ils s'altèrent à l'air : on dit qu'ils rancissent. Ils sont solides (beurre, graisses, suif) ou liquides (huiles : siccatives ou non siccatives) L'axonge est de la graisse de porc fondue.

GLUCOSE ordinaire . Dextrose. Sucre de fécule.	$C^{12}H^{12}O^{12}$ =	$C^6H^{12}O^6$	**Solide** en masses molles amorphes ou en aiguilles blanches agglomérées de formule $C^{12}H^{12}O^{12}+2HO$. Fond à 80°, perd 2HO à 100°. A 170°, il donne $C^{12}H^{10}O^{10}$ (glucosane); à 200°, $C^{12}H^8O^8$ (caramel). Solubilité $= 1.2$. Le glucose sucre trois fois moins que le sucre. C'est un corps réducteur. Fermentescible. Prép. { 1° Par l'acide sulfurique étendu à l'ébullition sur de la fécule ou sur une matière amylacée quelconque. On sature ensuite l'acide par la craie, on filtre sur du noir en grains; 2° Par la diastase de l'orge germé sur de l'amidon délayé. On chauffe à 30°, puis à 70°. En 20 minutes la transformation est complète; 3° Par l'urine des diabétiques, qu'on traite à froid par de l'alcool. Le glucose précipite; on le dissout dans l'eau chaude: on le purifie.
Autres glucoses (même formule) { **LÉVULOSE** ou sucre de fruit			**Solide** en aiguilles rayonnantes veloutées, fort soluble. Se retire du sucre interverti transformé par la chaux en glucosate (soluble) et lévulosate (insoluble).
MANNITOSE (de la mannite)			Sucre fermentescible qu'on obtient en oxydant la mannite. Cette dernière substance existe dans la manne, véritable sucre excrété par les frênes.
GALACTOSE α (du sucre de lait) . . .			On obtient le mélange de ces deux galactoses en traitant le *sucre de lait* ou *lactine* par de l'acide sulfurique étendu. Le corps obtenu possède la plupart des propriétés du glucose; il est fermentescible et donne de l'alcool par la levûre de bière. Ce mélange est le *sucre de lait interverti*.
GALACTOSE β (du sucre de lait) . . .			
SUCRE INTERVERTI. .	. . . .	. . . .	Mélange, parts égales, de glucose et de lévulose. Prép. { Il provient du sucre ordinaire qui fixe deux équivalents d'eau : $C^{12}H^{22}O^{22} + 2HO = C^{12}H^{12}O^{12} - C^{12}H^{12}O^{12}$, de l'une des trois manières suivantes : (sucre ordinaire, glucose, lévulose) 1° Par ébullition prolongée de sa solution. 2° Par l'action des acides énergiques étendus à chaud. 3° Par l'action des ferments. Le sucre interverti donne la fermentation alcoolique par la levûre de bière.
SUCRE DE CANNE . . Saccharose. Sucre de betterave.	$C^{24}H^{22}O^{22}$	$C^{12}H^{22}O^{11}$	**Solide** dur, blanc, inodore, saveur bien connue, douce et agréable. $d = 1$. Solubilité $= 2$ à froid, indéfinie à chaud; la solution à chaud abandonne à 30° du sucre candi. Le sucre fond vers 160° (sucre d'orge). A 210°, il perd 4HO (caramel $C^{24}H^{18}O^{18}$): plus au-dessus, il laisse du charbon pur. Plusieurs actions l'*intervertissent*. **Extraction.** Obtention du jus des betteraves ou des cannes par *pression* ou par *diffusion* et enrichissement méthodique des jus. Défécation par la chaux et élimination de l'excès de celle-ci par CO^2 (carbonatation). Filtration sur noir animal, évaporation dans le vide (appareil à triple effet). Deuxième filtration sur noir animal, enfin cuite dans le vide jusqu'à cristallisation : turbinage ou élimination forcée des eaux-mères dites *mélasses*.
SUCRE DE LAIT . . . Lactose ou lactine.	$C^{24}H^{24}O^{22}$	$C^{12}H^{22}O^{11}$	**Solide** dur, blanc, inodore, peu sucré. Solubilité $= 1/6$ à froid, $1/2$ à 100°. Il s'intervertit par les acides comme le sucre ordinaire. Prép. Le lactose se tire du petit-lait par simple évaporation.

Formule générale $(C^{12}H^{10}O^{10})^n$.

Corps			Propriétés et préparation
DEXTRINE	$C^{24}H^{21}O^{21}$ $(C^{12}H^{10}O^{10})^2$	$C^{12}H^{11}O^{11}$	**Poudre** jaunâtre, dont la solution aqueuse est gommeuse et d'un goût douceâtre. Insoluble dans l'alcool concentré. Ne *bleuit pas* l'iode. L'acide sulfurique étendu lui incorpore de l'eau et en fait du glucose. $C^{24}H^{20}O^{20}+4HO = 2C^{12}H^{12}O^{12}$. PRÉP. La dextrine se tire de l'amidon : 1° chauffé sec à 210°; 2° traité par les acides minéraux très étendus; 3° traité par l'orge germé. Dans ces deux derniers procédés, il faut s'arrêter *à temps*, sinon on aurait d'autres produits, tels que du glucose, par exemple.
MATIÈRE AMYLACÉE amidon et fécule.	$C^{36}H^{31}O^{22}$ $(C^{12}H^{10}O^{10})^3$	$C^{12}H^{20}O^{15}$	**Poudre** blanche en grains ovoïdes semi-organisés. Insoluble dans l'eau, l'alcool, l'éther. A 80°, dans l'eau, les grains gonflent et donnent l'empoi d'amidon. *Bleuit* par l'iode. L'eau bouillante, les acides minéraux étendus, la diastase transforment la matière amylacée en dextrine. PRÉP. La *fécule* s'extrait des pommes de terre râpées et lévigées. L'*amidon* s'extrait des farines, par fermentation (du gluten), ou par lavages.
GOMMES ou mucilages	. . . .	. . . .	Substances amorphes formant avec l'eau une solution épaisse. Les gommes solubles sont des sucs végétaux, telle la gomme arabique, formée d'une combinaison d'arabine ($C^{24}H^{20}O^{20}$) avec la chaux et la potasse.
CELLULOSE	$C^{24}H^{20}O^{20}$ $(C^{12}H^{10}O^{10})^2$	$C^{24}H^{22}O^{21}$	Matière blanche, douce au toucher. $d = 1,25$ à $1,45$. Insoluble dans les divers dissolvants. Combustible. Décomposable par la chaleur. L'acide sulfurique la transforme successivement en amidon, en dextrine, en glucose. L'acide azotique, étendu, à chaud, donne de l'acide oxalique; concentré, à froid, il donne le coton poudre qui s'enflamme à 120°. La cellulose est à peu près pure dans le papier, le vieux linge, le coton.
PHÉNOL. Acide phénique	$C^{12}H^6O^2$	C^6H^6O $C^6H^5.OH$	**Solide** en aiguilles incolores, fusibles vers 41°; à l'air humide le phénol absorbe un peu d'eau et fond à la température ambiante. Bout au-dessus de 189°. Saveur brûlante, très caustique; odeur caractéristique. Désorganise les tissus, coagule l'albumine. Avec les bases donne des phénates, avec les acides des éthers. PRÉP. On traite par la soude les huiles de goudron déjà débarrassées des alcalis par l'acide sulfurique. Le phénate de soude formé est décomposé par un acide; la couche huileuse obtenue, lavée, desséchée sur CaCl, rectifiée, abandonne les aiguilles de phénol à — 10°.
ALIZARINE	$C^{28}H^8O^6$	$C^{14}H^8O^4$	**Solide** en aiguilles jaune-rouge, se sublime dès 110°. Peu soluble dans l'eau froide. Assez soluble dans l'alcool et dans la benzine. L'alizarine colore l'acide sulfurique en rouge-sang, les alcalis en violet, la chaux en bleu : elle est la base de matières colorantes bleues ou rouges. PRÉP. Se retire de l'anthracène qu'on transforme par le bichromate de soude et l'acide sulfurique en anthraquinone. Ce dernier corps est traité par l'acide sulfurique, puis fusionné avec de la soude. Enfin l'alizarate de soude est décomposé par HCl en alizarine et en NaCl.

ALDÉHYDE ORDINAIRE Aldéhyde éthylique	$C^4H^4(O^2)$	C^4H^4O	**Liquide** incolore, très mobile, odeur suffocante. $d = 0,80$. Bout à 21°. Soluble dans l'eau, dans l'alcool, dans l'éther. La chaleur le décompose au rouge. Il brûle dans l'oxygène. Il peut s'oxyder lentement; c'est un réducteur. Avec le chlore il donne le chloral ($C^4HCl^3O^2$). PRÉP. { 1° *Oxydation de l'alcool.* $C^4H^6O^2 + 2O = C^4H^4O^2 + 2HO$. On fait couler un mélange d'alcool et d'acide sulfurique dans un ballon où sont portés à 100° de l'eau et du bichromate de potasse. Les vapeurs se condensent dans l'éther, d'où on sépare l'aldéhyde. 2° *Réduction de l'acide acétique.* $CaO.C^4H^3O^3 + CaO.C^2HO^3 = 2(CaO,CO^2) + C^4H^4O^2$. On acétate de chaux formiate de chaux réduit l'acétate de chaux par le formiate de chaux.
ESSENCE D'AMANDES AMÈRES . . . . Aldéhyde benzylique	$C^{14}H^6O^2$	C^7H^6O $C^6H^5 - COH$	**Liquide** incolore, très réfringent, odeur suave, saveur aromatique et âcre. $d = 1,05$ environ. Bout à 179°.5. Très soluble dans l'alcool et dans l'éther; peu soluble dans l'eau. PRÉP. { On dédouble par l'eau l'amygdaline qui existe dans les amandes amères En même temps que l'aldéhyde benzylique, il se produit du glucose et de l'acide cyanhydrique.
CAMPHRE	$C^{20}H^{16}O^2$	$C^{10}H^{16}O$	**Solide** cristallin, translucide, flexible; odeur aromatique spéciale, saveur brûlante suivie d'une sensation de fraîcheur. $d = 0.99$. Fond vers 175°; bout à 204°, se sublime déjà à la température ordinaire. Très peu soluble dans l'eau: $S = 1/1000$; très soluble dans l'alcool et dans l'éther. Le camphre brûle avec une flamme fuligineuse. PRÉP. { On distille avec de l'eau, dans un alambic, les éclats du *Laurus camphora*. Le camphre entraîné par la vapeur se condense sur de la paille placée dans le chapiteau. On le raffine par sublimation.
ACIDE FORMIQUE . .	$C^2H^2O^4$	CH^2O^2	**Liquide** incolore, mobile, fumant à l'air, saveur acide, odeur piquante, corrosif. $d = 1,22$. Bout à 105°, cristallise vers 8°. Il existe dans les fourmis rouges. Corps très réducteur; il réduit l'azotate d'argent. PRÉP. { 1° On chauffe de 80° à 87° un mélange de glycérine et d'acide oxalique; on rectifie; on dessèche par de l'acide oxalique déshydraté. 2° On obtient encore cet acide en oxydant par le mélange oxydant $MnO^2 + SO^3,HO$, soit l'amidon ou le sucre, soit l'esprit de bois.
ACIDE ACÉTIQUE . .	$C^4H^4O^4$	$C^2H^4O^2$	**Liquide** incolore se solidifiant à 17°. Odeur suffocante, saveur acide, très corrosif. $d = 1.06$. Cet acide bout à 120°. La chaleur rouge donne des produits complexes. Brûle avec une flamme bleue. Donne avec le chlore les acides chloroacétiques. Plusieurs acétates sont très importants. { *Par fermentation des liquides alcooliques* (vinaigre). Acétification produite par le *mycoderma aceti* : $C^4H^6O^2 + 4O = 2HO + C^4H^4O^4$. *Par distillation du bois* (vinaigre de bois ou acide pyroligneux). On décompose par l'acide

			Prép. { sulfurique les acétates de chaux ou de soude provenant du traitement du goudron de bois (voir alcool méthylique); on rectifie ensuite. L'acide cristallisable s'obtient en décomposant par la chaleur le biacétate de potasse : $KO, HO. 2C^4H^3O^3, = KO. C^4H^3O^3 + C^4H^3O^3, HO.$ L'acétate neutre produit est transformé ensuite en biacétate par de l'acide très fort et décomposé de nouveau; on opère ainsi un très grand nombre de fois.
ACIDES GRAS	$C^{26}H^{22}O^4$	$C^6H^{12}O^2$	Les acides gras existent dans les deux règnes organiques; ils y sont généralement combinés avec des bases pour donner des sels, avec des alcools pour donner des éthers, souvent avec la glycérine pour donner des éthers neutres formant les corps gras. Ces acides ont des propriétés générales communes; ils sont monobasiques, donnent des éthers avec les alcools, des produits de substitution avec le chlore; par la chaleur, leurs sels ammoniacaux donnent *une amide*, puis un *nitrile*; leurs sels de chaux, des *acétones*; leurs sels alcalins mêlés à un formiate, une *aldéhyde*. *L'acide formique*, *l'acide acétique* mentionnés ci-dessus, font partie des acides gras. Citons quelques acides gras des plus importants.
ACIDE BUTYRIQUE	$C^8H^8O^4$	$C^4H^8O^2$	**Liquide** à odeur de beurre rance, qui bout à 163°. Il existe dans le beurre, formant la *butyrine*, qui est un éther de la glycérine.
ACIDE VALÉRIQUE	$C^{10}H^{10}O^4$	$C^5H^{10}O^2$	**Liquide** qui bout à 175°. Retiré de l'huile de dauphin, ou, par distillation, de la racine de la valériane.
ACIDE CAPROÏQUE	$C^{12}H^{12}O^4$	$C^6H^{12}O^2$	**Liquide** incolore, oléagineux, qui bout aux environs de 200°. Il existe dans le beurre.
ACIDE CAPRIQUE	$C^{20}H^{20}O^4$	$C^{10}H^{20}O^2$	**Solide** fondant vers 30°. Il existe dans le beurre de vache, dans le beurre de coco.
ACIDE MARGARIQUE	$C^{34}H^{34}O^4$	$C^{17}H^{34}O^2$	**Solide** blanc fondant à 62°, très soluble dans l'alcool et dans l'éther. S'extrait de l'huile de palme, existe aussi dans le blanc de baleine, la cire.
ACIDE STÉARIQUE	$C^{36}H^{36}O^4$	$C^{18}H^{36}O^2$	**Solide** blanc fondant à 69°, soluble dans l'alcool et dans l'éther. S'extrait du suif de mouton par saponification.
ACIDE OXALIQUE	$C^4H^2O^4$ $C^4H^2O^4 + 4HO$ (cristallisé)	$C^2H^2O^4$	**Solide** cristallisé avec 4 molécules d'eau, incolore, saveur aigre et piquante. Soluble dans 15 parties d'eau froide et dans 1 d'eau chaude. Poison à la dose de 15 a 20 grammes. Fond à 98° dans son eau de cristallisation; au-dessus, il se volatilise et se décompose partiellement en $HO. CO^2, CO$ ou en CO^2 et $C^2H^2O^4$. C'est un réducteur. Acide bibasique. **Prép.** { 1° On le retire de l'oseille, dont le jus décoloré puis filtré dépose du sel d'oseille. Ce sel dissous est traité par l'acétate de plomb; l'oxalate de plomb formé est décomposé par l'acide sulfurique étendu ou par l'hydrogène sulfuré. 2° On traite l'amidon, à chaud, par l'acide azotique dilué. 3° Dans l'industrie, on chauffe de la sciure de bois avec un mélange de potasse, de soude et de chaux.

ACIDES TARTRIQUES . *Il y en a quatre :* Acide tartrique droit. Acide tartrique gauche. Acide paratartrique ou racémique. Acide tartrique inactif.	$C^8H^6O^{12}$	$C^4H^6O^6$	**Solide** cristallisé en prismes rhomboïdaux obliques, anhydres, incolores, d'une saveur acide agréable. Soluble dans moins de son poids d'eau froide et dans le tiers de son poids d'eau chaude. Fond vers 170°; plus haut, il se décompose. Calciné à l'air, il se boursoufle et brûle en répandant l'odeur de caramel. Il y a quatre acides tartriques, distingués par leur cristallisation et leur action sur la lumière : 1° un acide droit (dextrogyre); 2° un acide gauche (lœvogyre); 3° un acide inactif par compensation, acide racémique, formé des deux acides actifs; 4° un acide inactif, non directement dédoublable. Il en existerait même un cinquième, l'acide métatartrique. Prép. { S'extrait du *tartre brut*, d'abord purifié et décoloré par ébullition avec des argiles spéciales. Par évaporation de la liqueur filtrée on a la *crème de tartre* ou bitartrate de potasse. Ce sel dissous est traité par la craie, il précipite du tartrate neutre de chaux, et il reste dissous du tartrate neutre de potasse qu'on précipite à son tour par du chlorure de calcium. Le tartrate calcaire obtenu est traité par l'acide sulfurique dilué, l'acide tartrique est mis en liberté. On filtre, on fait cristalliser.
ACIDE CITRIQUE. . .	$C^{12}H^5O^{14}$ $C^{12}H^5O^{14},3HO$ (cristallisé)	$C^6H^5O^7$	**Solide** cristallisé en gros prismes rhomboïdaux, incolores, inodores, d'une saveur très acide. Soluble dans moins de son poids d'eau froide. Fond dans son eau de cristallisation qu'il perd à 130°. Se décompose vers 175°. C'est un acide tribasique. Prép. Le jus de citron, traité par la craie, donne du citrate de chaux qu'on décompose par l'acide sulfurique étendu. On fait cristalliser par évaporation dans le vide. —
ACIDE LACTIQUE . .	$C^6H^6O^6$	$C^3H^6O^3$	**Liquide** sirupeux, incolore, très acide. $d = 1,24$. Il ne distille pas sans se décomposer. Il se dissout dans l'eau, dans l'alcool, dans l'éther. Il y a quatre acides lactiques : 1° l'acide lactique de fermentation, c'est un acide-alcool; 2° l'acide paralactique, retiré du suc musculaire; 3° l'acide éthylénolactique; 4° l'acide hydracrylique. Prép. { L'acide ordinaire se prépare en laissant à l'air du lait sucré. On sature ensuite l'acide par de la craie, et on ajoute du fromage pour nourrir le ferment lactique; il précipite ainsi du lactate de chaux qu'on lave et qu'on décompose par l'acide sulfurique étendu.
ALCALIS ARTIFICIELS.			On les nomme encore *amines* ou *ammoniaques composées*. Ce sont les éléments de l'ammoniaque qui paraissent avoir remplacé ceux de l'eau dans les alcools ou les phénols.
ANILINE.	$C^{12}H^7Az$	C^6H^5Az	Les produits commerciaux désignés sous ce nom ont été d'abord mal définis; il y entrait des proportions variables de toluidines. **Liquide** huileux, incolore, mauvaise odeur, saveur âcre. $d = 1.03$. Bout à 185°, et cristallise au-dessous de 8°. Soluble dans l'eau, l'alcool, les carbures. C'est une base qui précipite l'oxyde de zinc et les sesquioxydes; elle donne des sels cristallisés. Il en dérive de magnifiques couleurs. L'aniline devient violet-pourpre par le chlorure de chaux. Respirée en vapeurs ou appliquée sur la peau, elle peut amener la mort.

TOLUIDINES Il existe trois isomères.	$C^{14}H^9Az$	$C\,H^9Az$	**Prép.** 1° On nitre la benzine à froid par de l'acide nitrique auquel on a ajouté de l'acide sulfurique qui s'empare de l'eau formée. Après des lavages à l'eau, on réduit par l'hydrogène naissant obtenu par du fer en copeaux et HCl. On entraîne l'aniline par la vapeur d'eau et on distille dans le vide. 2° On a retiré l'aniline des goudrons de houille; elle s'obtient, avec les autres bases, en traitant les huiles de houille par l'acide sulfurique. *Toluidine ordinaire.* — **Solide** feuilleté à odeur d'aniline et à saveur brûlante. Fond à 45°, bout à 205°. Un peu soluble dans l'eau . $S = 1,280$. C'est une base donnant des sels : l'oxalate est insoluble dans l'éther. *Pseudotoluidine.* — **Liquide** huileux, incolore. $d = 1,00$. Bout à 200°. Ce corps donne des sels : l'oxalate est soluble dans l'éther. *Métaloluidine.* — **Liquide** qui bout à 197°.
ROSANILINE	$C^{20}R^{19}Az^2$ (Troost.) $C^{40}H^{21}Az^3O^2$ formule récente.	$C^{20}H^{19}Az^2$ $C^{20}H^{21}Az^2O$	**Prép.** La toluidine commerciale, qui est un mélange des deux premières toluidines, s'obtient en réduisant le nitroluène par le fer et l'acide acétique (voir aniline). On l'extrait encore des goudrons de houille (voir aniline.) **Solide** incolore, cristallisé, presque insoluble dans l'eau. La rosaniline donne avec les acides trois séries de sels cristallisés et colorés. Les sels monoacides sont à reflets verts dorés et leurs solutions sont rouge-cramoisi (rouge d'aniline). La *fuchsine* du commerce n'est autre chose que du chlorhydrate de rosaniline. Chauffées avec de l'ammoniaque, les solutions rouges des sels de rosaniline se décolorent; si l'on continue de chauffer, l'ammoniaque se dégage et la couleur réapparaît. **Prép.** 1° La rosaniline s'obtient en faisant réagir un oxydant ou un déshydrogénant sur un mélange de 1 éq. d'aniline et de 2 éq. de toluidine. 2° On peut aussi la précipiter de la solution chaude de son chlorhydrate (fuchsine) par le moyen de la soude caustique.
PARAROSANILINE	…………	$C^{19}H^{19}Az^3O$	C'est l'homologue inférieur de la rosaniline. Ses sels sont rouges; son chlorhydrate est la parafuchsine.
MATIÈRES COLORANTES NATURELLES			Elles servent principalement à la teinture et à l'impression de la laine, de la soie et du coton. Voici les principales : **Indigo.** — Son principe actif est l'*indigotine*, $C^{16}H^5Az^7O^2$, dont la synthèse a été réalisée. **Prép.** Il s'extrait de l'*indigofera* par digestion et fermentation dans l'eau des feuilles de la plante. **Garance.** — La racine de cette plante contient l'alizarine, $C^{40}H^{12}O^{12}$. et la purpurine, $C^{40}H^{12}O^{14}$. **Prép.** On traite le jus des racines, préalablement résinifié à l'air, par l'acide sulfurique, qui abandonne les matières colorantes en dissolvant les impuretés. **Orseille.** — Son principe actif est l'*orcine* $C^{14}H^8O^4$, dont la synthèse a été réalisée. **Prép.** On laisse oxyder à l'air une décoction de lichens et on procède à des digestions ammoniacales. **Cochenille.** — Son principe actif est la *carmine*, produit par des insectes hémiptères. **Prép.** On fait digérer ces insectes dans l'alcool ou l'ammoniaque, après un dégraissage à l'éther.

MATIÈRES COLORANTES NATURELLES *(suite)*.			**Bois du Brésil, des îles, de Fernambouc, de Panama, de campêche, etc.** On réduit mécaniquement les bois en minces copeaux et on épuise par l'eau chaude; on évapore ensuite à consistance d'extrait.
MATIÈRES COLORANTES ARTIFICIELLES			Elles se substituent de plus en plus aux matières colorantes naturelles, en raison de leur bon marché, de leur facile application, de la richesse et de la variété de leurs nuances. On les prépare, pour la plupart, avec les produits extraits du goudron de houille. Le nombre de ces substances augmente tous les jours; nous nous contenterons de donner la liste suivante, qui renferme les plus connues : **Rouges.** — Fuchsine. — Safranine. — Ponceaux. — Crocéine. — Éosine. — Roccelline. — Alizarine de synthèse. **Jaunes.** — Acide picrique. — Jaune de Martius. — Citronine. — Mandarine. — Auramine. — Chrysoine. — Phosphine. **Verts.** — Vert lumière. — Vert brillant. — Vert de méthyle. **Bleus.** — Bleu de phényle ou de Lyon — Bleu soluble. — Bleu Nicholson. — Bleu de méthylène. — Bleu d'alizarine. — Indigo de synthèse. **Violets.** — Violet de Paris. — Violet Hofmann. — Mauvéine ou Rosolane.
ALCALIS VÉGÉTAUX .	....	....	Ils existent combinés aux acides organiques dans les papavéracées, les solanées, les ombellifères. Ce sont des poisons très violents. Ces composés sont des bases se comportant comme le gaz ammoniac, s'unissant directement aux hydracides, et aux oxacides en prenant un équivalent d'eau. Leurs sels sont amers.
NICOTINE	$C^{20}H^{14}Az^2$	$C^{10}H^{14}Az^2$	**Liquide** oléagineux, incolore mais brunissant à l'air, odeur pénétrante, caustique. Poison très violent. $d = 1,03$. Bout vers 240°. Soluble dans eau, alcool, éther. PRÉP. { S'extrait du tabac : le tabac épuisé par l'eau bouillante fournit une solution qui est évaporée et dont l'extrait est repris par l'alcool, puis par la potasse qui rend libre la nicotine, enfin par l'éther qui la redissout. On transforme cette nicotine en oxalate qu'on décompose par la potasse, et on dissout à nouveau la nicotine dans l'éther. On chasse l'éther; on distille le résidu dans un courant d'hydrogène, recueillant ce qui passe vers 180°.
MORPHINE	$C^{34}H^{19}AzO^6$	$C^{17}H^{19}AzO^3$	**Solide** cristallisé, inodore, saveur amère. Peu soluble dans l'eau : $S = 1/500$, soluble dans l'alcool. Forme des sels; le plus important est le chlorhydrate. PRÉP. { S'extrait de l'opium : on l'épuise par l'eau et on ajoute à la solution du carbonate de soude qui précipite de la morphine, de la narcotine et du méconate de soude. Ce précipité, traité à chaud par l'acide acétique, abandonne de l'acétate de morphine qu'on décompose par l'ammoniaque.
QUININE	$C^{40}H^{24}Az^2O^4$	$C^{20}H^{24}Az^2O^2$	**Poudre** blanche, cristalline, inodore, mais très amère. Peu soluble dans l'eau : $S = 1/400$; soluble dans l'alcool, l'éther. Fond à 177°.

			Sa solution verdit le sirop de violette. Donne des sels cristallisables; le sulfate est un fébrifuge précieux. **Prép.** S'extrait du quinquina. L'écorce est épuisée par HCl, la liqueur filtrée traitée par la chaux précipite la quinine unie à la cinchonine, à des sels de chaux, à des matières colorantes. Les deux alcaloïdes sont dissous dans l'alcool bouillant et transformés en sulfates. Le sulfate de quinine cristallise le premier. On le décolore sur du noir, on le purifie par cristallisation. Traité par l'ammoniaque, ce sulfate donne la quinine.
STRYCHNINE.	$C^{42}H^{21}Az^2O^4$	$C^{21}H^{21}Az^2O^2$	**Solide** incolore, cristallisé en octaèdres, très amer, poison très violent. Très peu soluble dans l'eau; soluble dans l'alcool. Fond vers 280°. Ses sels cristallisent facilement. **Prép.** S'extrait de la noix vomique, qu'on épuise par HCl; l'alcaloïde précipité par la chaux est dissous dans l'alcool bouillant. Comme la strychnine obtenue contient un autre alcaloïde, la brucine, on transforme ces bases en azotates. L'azotate de strychnine cristallise le premier: on le traite par l'ammoniaque, il se dépose la strychnine qu'on fait cristalliser par dissolution dans l'alcool bouillant.
AMIDES.			Ce sont des composés azotés qui ne diffèrent des sels ammoniacaux que par une certaine quantité d'eau en moins.
URÉE. ou carbamide.	$C\text{-}O^2Az\text{-}H^4$	$COAz^2H^4$	**Solide** cristallisé, incolore, inodore. Fond à 132°. Très soluble dans l'eau, moins dans l'alcool, peu dans l'éther. C'est une base faible. La chaleur le décompose. Spontanément l'urée prend 4 molécules d'eau et donne du carbonate d'ammoniaque: cela a lieu aussi par une fermentation spéciale. **Prép.** L'acide azotique mis dans de l'urine réduite au dixième de son volume, précipite de l'azotate d'urée. Cet azotate purifié est traité par la baryte qui met l'urée en liberté; on évapore et on reprend par l'alcool qui dissout l'urée: elle cristallise par refroidissement.
ACIDE URIQUE.	$C^{10}H^4Az^5O^6$	$C^5H^4Az^7O^3$	**Solide** cristallin blanc, inodore, insipide. Très peu soluble; à froid: 1/15000; à chaud: 1/1800. Les urates alcalins sont seuls solubles. **Prép.** S'extrait des excréments de boa qu'on transforme en urate de potasse; ce sel traité par HCl donne un précipité d'acide urique.
INDIGO PUR. ou indigotine.	$C^{32}H^{10}Az^2O^4$	$C^{16}H^{10}Az^2O^2$	**Solide** bleu à reflets rouge-mordoré. Insoluble dans l'eau; très peu soluble dans l'alcool, l'éther; soluble dans le chloroforme. S'unit à l'acide sulfurique pour donner des acides sulfonés solubles: acide sulfopurpurique, acide sulfoindigotique. L'indigo est inodore et insipide. Il commence à se sublimer à 290°, sa vapeur violette a une odeur désagréable. L'indigo peut donner avec la potasse de l'aniline, et avec l'acide azotique de l'acide picrique. **Prép.** 1° L'indigo bleu peut être préparé assez pur en sublimant l'indigo commercial. 2° On préfère passer par l'*indigo blanc* qui est soluble, et qui ne diffère de l'indigotine qu'en ce qu'il contient H² en plus. Pour cela on traite l'indigo commercial par du sulfate ferreux dissous et par de la chaux, à l'abri de l'air: on obtient une solution incolore d'indigo blanc qui, acidulée par HCl et exposée à l'air, donne des flocons d'indigotine bleue.

ALBUMINE. . . . . . . et ses congénères	$\left(\begin{smallmatrix} C^{144}H^{112} \\ Az^{18}S^2O^{44} \end{smallmatrix}\right)$	$\left(\begin{smallmatrix} C^{9}H^{112} \\ Az^{18}SO^{98} \end{smallmatrix}\right)$	L'albumine est cette matière transparente. inodore. qui constitue le blanc d'œuf. Desséchée au-dessous de 40°. ou évaporée dans le vide. c'est une masse amorphe. transparente, soluble dans l'eau. Cette solution (ou le blanc d'œuf) se coagule vers 75° et devient blanche. opaque et consistante. L'alcool, les acides minéraux en général. le tanin. coagulent l'albumine.
			PRÉP. { On reçoit le blanc d'un œuf dans trois fois son volume d'eau: on filtre sur un linge et on traite le liquide par le sous-acétate de plomb. Le précipité. mis en suspension dans l'eau, est traité par un courant d'acide carbonique. On filtre: les dernières traces de plomb sont précipitées par HS. En chauffant légèrement on produit une faible coagulation qui retient le sulfure de plomb. On filtre, on a une solution d'albumine pure.
CASÉINE	. . . .	. . . .	C'est le principe azoté du lait. — La caséine est soluble, et sa solution ne se coagule pas par l'ébullition, mais tous les acides la coagulent.
			PRÉP. { On ajoute au lait un peu d'acide acétique et on lave à l'eau, à l'alcool, à l'éther le précipité coagulé obtenu.
FIBRINE.	. . . . .	. . . .	Elle est en dissolution dans le sang. — Solide blanc. inodore, insipide, mou à l'état humide. cassant quand il est sec. Insoluble dans l'eau et dans l'alcool.
			PRÉP. { Le sang libre se partage en deux parties : 1° une partie liquide. jaune, est le sérum: 2° une partie coagulée. rouge. est le caillot formé de fibrine emprisonnant les globules: on la lave.
GLUTEN.	. . . . . .	. . . . . .	C'est le principe azoté des farines. Les farines contiennent: 1° la *fibrine végétale*. insoluble dans l'alcool bouillant : 2° la *caséine végétale*: 3° la *glutine*. analogue à l'albumine.
			PRÉP. { Le gluten est un résidu du malaxage sous l'eau de la pâte de farine. On obtient une masse molle. plastique. Le gluten se putréfie à l'air humide.
GÉLATINE.	. . . . . .	. . . . . .	**Solide** transparent, incolore. inodore. Se ramollit dans l'eau froide, se dissout dans l'eau bouillante. et cette solution se prend en gelée en se refroidissant, si elle contient plus de 1 % de gélatine. Les solutions plus étendues sont précipitées par le tanin et l'alcool. La gélatine fortement chauffée fond, puis brûle avec une mauvaise odeur. La colle de poisson est de la gélatine pure et les propriétés ci-dessus lui conviennent; on l'obtient avec les membranes internes des vessies natatoires des esturgeons. Les autres gélatines, colle forte, colle de peau. s'obtiennent en faisant bouillir avec de l'eau des peaux. des cartilages. des os, etc. : l'eau fait éprouver une transformation à l'*osséine*, à la *myosine*, etc.

ARITHMÉTIQUE

Caractères de divisibilité par 7 et par 13.

On divise le nombre en tranches de trois chiffres, à partir de la droite. Le nombre est divisible par 7 (ou par 13) si la différence entre la somme des tranches de rang impair et la somme des tranches de rang pair est multiple de 7 (ou de 13).

EXEMPLES :
28 135 457 est divisible par 7, parce que
$457 + 28 — 135 =$ multiple de 7.
28 135 457 n'est pas divisible par 13, parce que
$457 + 28 — 135$ n'est pas multiple de 13 (le reste est 12).

Divisibilité.

Lorsqu'on a à rechercher les caractères de divisibilité d'une expression algébrique, il est souvent utile de remarquer qu'un nombre entier est toujours de l'une des formes

$$2n, \qquad 2n+1,$$
$$3n, \qquad 3n\pm1,$$
$$4n, \qquad 4n\pm1, \qquad 4n\pm2,$$
$$5n, \qquad 5n\pm1, \qquad 5n\pm2, \text{ etc.};$$

qu'un carré est de l'une des formes $5n$, $5n\pm1$;
un carré impair, de la forme $8n+1$;
un cube, de l'une des formes $7n$, $7n\pm1$; $9n'$, $9n'\pm1$;
une quatrième puissance, de l'une des formes $5n$, $5n+1$, etc;

Nombres premiers.

Tout nombre premier supérieur à 3 est de la forme $6n\pm1$; et son carré, de la forme $24n+1$.

Diviseurs d'un nombre.

N nombre considéré, égal à $a^\alpha b^\beta c^\gamma \ldots$

n nombre des diviseurs de N
S somme — —
P produit — —
$\}$ y compris 1 et N

n_1 nombre des entiers inférieurs à N et premiers avec N.
$\}$ y compris l'unité

$$n = (\alpha+1)(\beta+1)(\gamma+1)\ldots$$

$$S = \frac{(a^{\alpha+1}-1)(b^{\beta+1}-1)(c^{\gamma+1}-1)\ldots}{(a-1)(b-1)(c-1)}$$

$$P = N^{\frac{n}{2}} = N^{\frac{(\alpha+1)(\beta+1)(\gamma+1)\ldots}{2}}$$

$$n_1 = N\left(1-\frac{1}{a}\right)\left(1-\frac{1}{b}\right)\ldots$$

ou

$$n_1 = a^{\alpha-1}\,b^{\beta-1}\ldots(a-1)(b-1)\ldots$$

Théorème de Fermat.

p étant premier absolu et premier avec a,

$$a^{p-1} — 1$$

est divisible par p.

Théorème de Fermat généralisé.

A étant premier avec N,

$$A^{n_1} — 1$$

est divisible par N.
(On a vu ci-dessus ce que représente n_1.)

Théorème de Wilson.

p étant premier absolu,

$$1.2.3 \ldots\ldots (p — 2)(p — 1) + 1$$

est divisible par p. *(La réciproque est vraie.)*

Table des nombres premiers

1	263	613	997	1423	1811	2267	2693	3167	3607	4057
2	269	617	1009	1427	1823	2269	2699	3169	3613	4073
3	271	619	1013	1429	1831	2273	2707	3181	3617	4079
5	277	631	1019	1433	1847	2281	2711	3187	3623	4091
7	281	641	1021	1439	1861	2287	2713	3191	3631	4093
11	283	643	1031	1447	1867	2293	27 9	3203	3637	4099
13	293	647	1033	1451	1871	2297	2729	3209	3643	4111
17	307	653	1039	1453	1873	2309	2731	3217	3659	4127
19	311	659	1049	1459	1877	2311	2741	3221	3671	4129
23	313	661	1051	1471	1879	2333	2749	3229	3673	4133
29	317	673	1061	1481	1889	2339	2753	3251	3677	4139
31	331	677	1063	1483	1901	2341	2767	3253	3691	4153
37	337	683	1069	1487	1907	2347	2777	3257	3697	4157
41	347	691	1087	1489	1913	2351	2789	3259	3701	4159
43	349	701	1091	1493	1931	2357	2791	3271	3709	4177
47	353	709	1093	1499	1933	2371	2797	3299	3719	4201
53	359	719	1097	1511	1949	2377	2801	3301	3727	4211
59	367	727	1103	1523	1951	2381	2803	3307	3733	4217
61	373	733	1109	1531	1973	2383	2819	3313	3739	4219
67	379	739	1117	1543	1979	2389	2833	3319	3761	4229
71	383	743	1123	1549	1987	2393	2837	3323	3767	4231
73	389	751	1129	1553	1993	2399	2843	3329	3769	4241
79	397	757	1151	1559	1997	2411	2851	3331	3779	4243
83	401	761	1153	1567	1999	2417	2857	3343	3793	4253
89	409	769	1163	1571	2003	2423	2861	3347	3797	4259
97	419	773	1171	1579	2011	2437	2879	3359	3803	4261
101	421	787	1181	1583	2017	2441	2887	3361	3821	4271
103	431	797	1187	1597	2027	2447	2897	3371	3823	4273
107	433	809	1193	1601	2029	2459	2903	3373	3833	4283
109	439	811	1201	1607	2039	2467	2909	3389	3847	4289
113	443	821	1213	1609	2053	2473	2917	3391	3851	4297
127	449	823	1217	1613	2063	2477	2927	3407	3853	4327
131	457	827	1223	1619	2069	2503	2939	3413	3863	4337
137	461	829	1229	1621	2081	2521	2953	3433	3877	4339
139	463	839	1231	1627	2083	2531	2957	3449	3881	4349
149	467	853	1237	1637	2087	2539	2963	3457	3889	4357
151	479	857	1249	1657	2089	2543	2969	3461	3907	4363
157	487	859	1259	1663	2099	2549	2971	3463	3911	4373
163	491	863	1277	1667	2111	2551	2999	3467	3917	4391
167	499	877	1279	1669	2113	2557	3001	3469	3919	4397
173	503	881	1283	1693	2129	2579	3011.	3491	3923	4409
179	509	883	1289	1697	2131	2591	3019	3499	3929	4421
181	521	887	1291	1699	2137	2593	3023	3511	3931	4423
191	523	907	1297	1709	2141	2609	3037	3517	3943	4441
193	541	911	1301	1721	2143	2617	3041	3527	3947	4447
197	547	919	1303	1723	2153	2621	3049	3529	3967	4451
199	557	929	1307	1733	2161	2633	3061	3533	3989	4457
211	563	937	1319	1741	2179	2647	3067	3539	4001	4463
223	569	941	1321	1747	2203	2657	3079	3541	4003	4481
227	571	947	1327	1753	2207	2659	3083	3547	4007	4483
229	577	953	1361	1759	2213	2663	3089	3557	4013	4493
233	587	967	1367	1777	2221	2671	3109	3559	4019	4507
239	593	971	1373	1783	2237	2677	3119	3571	4021	4513
241	599	977	1381	1787	2239	2683	3121	3581	4027	4517
251	601	983	1399	1789	2243	2687	3137	3583	4049	4519
257	607	991	1409	1801	2251	2689	3163	3593	4051	4523

inférieurs à 10,000

4547	5011	5507	6007	6473	6971	7517	8009	8537	9011	9491
4549	5021	5519	6011	6481	6977	7523	8011	8539	9013	9497
4561	5023	5521	6029	6491	6983	7529	8017	8543	9029	9511
4567	5039	5527	6037	6521	6991	7537	8039	8563	9041	9521
4583	5051	5531	6043	6529	6997	7541	8053	8573	9043	9533
4591	5059	5557	6047	6547	7001	7547	8059	8581	9049	9539
4597	5077	5563	6053	6551	7013	7549	8069	8597	9059	9547
4603	5081	5569	6067	6553	7019	7559	8081	8599	9067	9551
4621	5087	5573	6073	6563	7027	7561	8087	8609	9091	9587
4637	5099	5581	6079	6569	7039	7573	8089	8623	9103	9601
4639	5101	5591	6089	6571	7043	7577	8093	8627	9109	9613
4643	5107	5623	6091	6577	7057	7583	8101	8629	9127	9619
4649	5113	5639	6101	6581	7069	7589	8111	8641	9133	9623
4651	5119	5641	6113	6599	7079	7591	8117	8647	9137	9629
4657	5147	5647	6121	6607	7103	7603	8123	8663	9151	9631
4663	5153	5651	6131	6619	7109	7607	8147	8669	9157	9643
4673	5167	5653	6133	6637	7121	7621	8161	8677	9161	9649
4679	5171	5657	6143	6653	7127	7639	8167	8681	9173	9661
4691	5179	5659	6151	6659	7129	7643	8171	8689	9181	9677
4703	5189	5669	6163	6661	7151	7649	8179	8693	9187	9679
4721	5197	5683	6173	6673	7159	7669	8191	8699	9199	9689
4723	5203	5689	6197	6679	7177	7673	8209	8707	9203	9697
4729	5227	5693	6199	6689	7187	7681	8219	8713	9209	9719
4733	5231	5701	6203	6691	7193	7687	8221	8719	9221	9721
4751	5233	5711	6211	6701	7207	7691	8231	8731	9227	9733
4759	5237	5717	6217	6703	7211	7699	8233	8737	9239	9739
4783	5261	5737	6221	6709	7213	7703	8237	8741	9241	9743
4787	5273	5741	6229	6719	7219	7717	8243	8747	9257	9749
4789	5279	5743	6247	6733	7229	7723	8263	8753	9277	9767
4793	5281	5749	6257	6737	7237	7727	8269	8761	9281	9769
4799	5297	5779	6263	6761	7243	7741	8273	8779	9283	9781
4801	5303	5783	6269	6763	7247	7753	8287	8783	9293	9787
4813	5309	5791	6271	6779	7253	7757	8291	8803	9311	9791
4817	5323	5801	6277	6781	7283	7759	8293	8807	9319	9803
4831	5333	5807	6287	6791	7297	7789	8297	8819	9323	9811
4861	5347	5813	6299	6793	7307	7793	8311	8821	9337	9817
4871	5351	5821	6301	6803	7309	7817	8317	8831	9341	9829
4877	5381	5827	6311	6823	7321	7823	8329	8837	9343	9833
4889	5387	5839	6317	6827	7331	7829	8353	8839	9349	9839
4903	5393	5843	6323	6829	7333	7841	8363	8849	9371	9851
4909	5399	5849	6329	6833	7349	7853	8369	8861	9377	9857
4919	5407	5851	6337	6841	7351	7867	8377	8863	9391	9859
4931	5413	5857	6343	6857	7369	7873	8387	8867	9397	9871
4933	5417	5861	6353	6863	7393	7877	8389	8887	9403	9883
4937	5419	5867	6359	6869	7411	7879	8419	8893	9413	9887
4943	5431	5869	6361	6871	7417	7883	8423	8923	9419	9901
4951	5437	5879	6367	6883	7433	7901	8429	8929	9421	9907
4957	5441	5881	6373	6899	7451	7907	8431	8933	9431	9923
4967	5443	5897	6379	6907	7457	7919	8443	8941	9433	9929
4969	5449	5903	6389	6911	7459	7927	8447	8951	9437	9931
4973	5471	5923	6397	6917	7477	7933	8461	8963	9439	9941
4987	5477	5927	6421	6947	7481	7937	8467	8969	9461	9949
4993	5479	5939	6427	6949	7487	7949	8501	8971	9463	9967
4999	5483	5953	6449	6959	7489	7951	8513	8999	9467	9973
5003	5501	5981	6451	6961	7499	7963	8521	9001	9473	
5009	5503	5987	6469	6967	7507	7993	8527	9007	9479	

ALGÈBRE

Développement de polynômes.

$$(a + b)^2 = a^2 + 2ab + b^2$$

$$(a + b)^3 = a^3 + 3a^2b + 3ab^2 + b^3$$

$$(a + b)^4 = a^4 + 4a^3b + 6a^2b^2 + 4ab^3 + b^4$$

$$(a + b)^5 = a^5 + 5a^4b + 10a^3b^2 + 10a^2b^3 + 5ab^4 + b^5$$

$$(a + b)^m = a^m + \frac{m}{1}a^{m-1}b + \frac{m(m-1)}{1.2}a^{m-2}b^2 + \frac{m(m-1)(m-2)}{1.2.3}a^{m-3}b^3$$
$$+ \ldots\ldots\ldots + \frac{m}{1}ab^{m-1} + b^m$$

$$a+b+c)^2 = a^2 + b^2 + c^2 + 2ab + 2bc + 2ca$$

$$(a+b-c)^2 = a^2 + b^2 + c^2 + 2ab - 2bc - 2ca.$$

Identités.

$$(a^2 + b^2)(a'^2 + b'^2) = (aa' + bb')^2 + (ab' - ba')^2$$

$$(a^2+b^2+c^2)(a'^2+b'^2+c'^2) = (aa'+bb'+cc')^2+(bc'-cb')^2+(ca'-ac')^2+(ab'-ba')^2$$

$$(a^2+b^2+c^2+d^2)(a'^2+b'^2+c'^2+d'^2) = (aa'+bb'+cc'+dd')^2+(ba'-ab'+cd'-dc')^2$$
$$+ (ca'-ac'+db'-bd')^2 + (da'-ad+bc'-cb')^2$$

Sommations.

$$S_1 = 1 + 2 + 3 + \ldots\ldots\ldots\ldots + n = \frac{n(n+1)}{2}$$

$$S_2 = 1^2 + 2^2 + 3^2 + \ldots\ldots\ldots\ldots + n^2 = \frac{n(n+1)(2n+1)}{6}$$

$$S_3 = 1^3 + 2^3 + 3^3 + \ldots\ldots\ldots\ldots + n^3 = \left[\frac{n(n+1)}{2}\right]^2$$

$$S_4 = 1^4 + 2^4 + 3^4 + \ldots\ldots\ldots\ldots + n^4 = \frac{n^5}{5} + \frac{n^4}{2} + \frac{n^3}{3} + \frac{n}{30}$$

$$S_5 = 1^5 + 2^5 + 3^5 + \ldots\ldots\ldots\ldots + n^5 = \frac{5}{3} \cdot \frac{S_3 S_4}{S_2} - \frac{2}{3} S_1^3$$

$$1 + 3 + 5 + \ldots\ldots\ldots\ldots + (2n-1) = n^2$$

$$1^2 + 3^2 + 5^2 + \ldots\ldots\ldots\ldots + (2n-1)^2 = \frac{n(2n-1)(2n+1)}{3}$$

$$2 + 4 + 6 + \ldots\ldots\ldots\ldots + 2n = n(n+1)$$

$$2^2 + 4^2 + 6^2 + \ldots\ldots\ldots\ldots + (2n)^2 = \frac{2n(n+1)(2n+1)}{3}$$

Équations.

Une équation du $n^{ième}$ degré a n racines.

Le nombre des solutions d'un système d'équations est égal au produit des degrés de ces équations.

NOTES

NOTES

GÉOMÉTRIE

Aires.

Trapèze de seconde espèce.		$\dfrac{(B - b)\,h}{2}$
Quadrilatère inscriptible.		$\sqrt{p(p - a)(p - b)(p - c)(p - d)}$ p étant égal à $\dfrac{a + b + c + d}{2}$
Quadrilatère circonscriptible.		pr
Quadrilatère inscriptible et circonscriptible		$\sqrt{abcd}$
Quadrilatère quelconque.		$\dfrac{1}{2}\,d\,d'\sin\alpha$
Segment circulaire.		$\dfrac{R}{2}\,(\text{arc AMB} - \text{Al})$ Al, demi-corde de l'arc double.
Ellipse.		$\pi\,a\,b$
Parabole.		$\dfrac{2}{3}\,ab$

NOTES

Volumes.

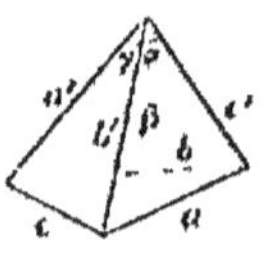

Tétraèdre.

$$1°\ \frac{abc}{3}\sqrt{\sin p\sin(p-\alpha)\sin(p-\beta)\sin(p-\gamma)}$$

$$p\ \text{étant égal à}\ \frac{\alpha+\beta+\gamma}{2}.$$

$$2°\ \frac{1}{12}\sqrt{\begin{aligned}&4a^2b^2c^2-a^2(b^2+c^2-a'^2)^2\\&-b^2(c^2+a^2-b'^2)^2-c^2(a^2+b^2-c'^2)^2\\&+(b^2+c^2-a'^2)(c^2+a^2-b'^2)(a^2+b^2-c'^2)\end{aligned}}$$

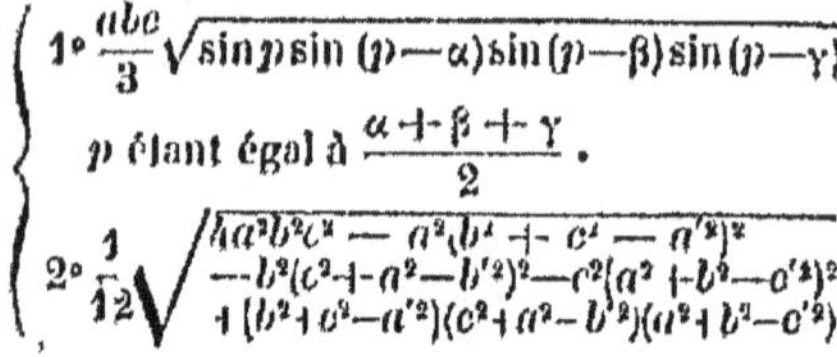

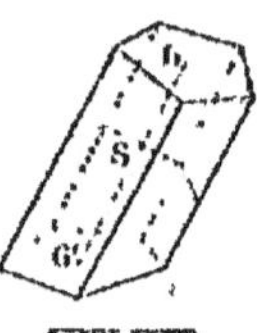

Tronc de prisme quelconque.

$$S\times GG'$$

S, section droite.
G, G', centres de gravité des bases.

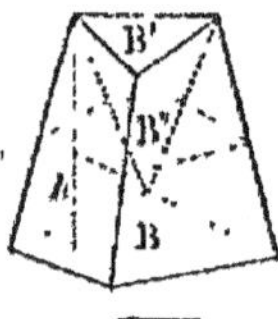

Polyèdre ayant pour bases deux polygones quelconques situés dans des plans parallèles, et pour faces latérales des trapèzes ou des triangles.

$$\frac{h}{6}(B+B'+4B'')$$

h, hauteur.
B, B', bases.
B'', section équidistante des bases.

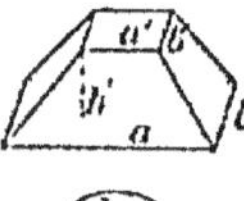

Tas de cailloux.

$$\frac{h}{6}[b(2a+a')+b'(2a'+a)]$$

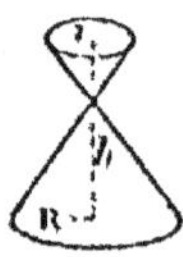

Tronc de cône de seconde espèce.

$$\frac{\pi h}{3}(R^2+r^2-Rr)$$

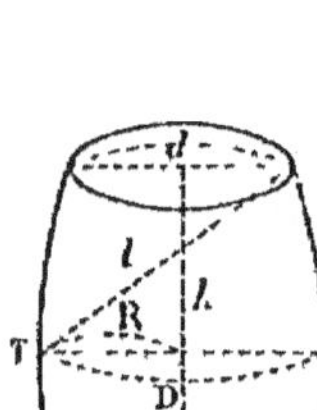

Tonneaux.

1° Formule anglaise d'Ougtred :
$$\frac{\pi h}{12}(2D)^2+d^2$$

2° Formule de Déz, usitée en France :
$$\pi h\left(\frac{5D+3d}{16}\right)^2$$

3° Formule moins simple, mais qui est le mieux appropriée à la forme générale des tonneaux :
$$\frac{1}{3}\pi h\left[2R^2+r^2-\frac{1}{3}(R^2-r^2)\right]$$

4° Formule grossièrement approchée, qu'on emploie souvent dans les octrois :
$$0{,}525.l^3$$
(La longueur l est mesurée avec un bâton, qu'on introduit par le trou de bonde T.)

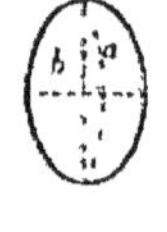

Ellipsoïde de révolution.

$$\frac{\pi a b^2}{3}$$

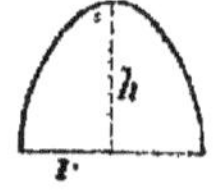

Paraboloïde de révolution.

$$\frac{\pi r^2 h}{2}$$

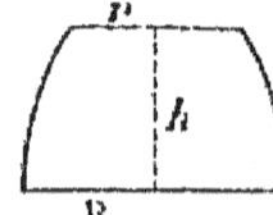

Paraboloïde de révolution tronqué.

$$\frac{1}{2}\pi(R^2+r^2)h$$

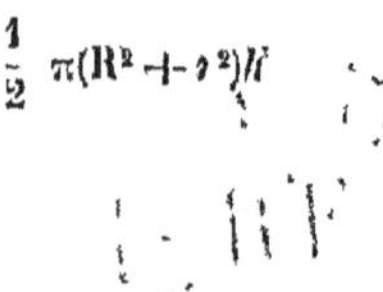

Librairie NONY & Cie, 17, rue des Écoles, à Paris.

Pour la préparation de la partie écrite de l'examen, les candidats au *Baccalauréat ès sciences* ou au *Baccalauréat de l'enseignement secondaire spécial* ont besoin d'avoir, outre le *Formulaire* :

1° Les *Annales du Baccalauréat ès sciences* ou les *Annales du Baccalauréat de l'enseignement secondaire spécial*, publications annuelles qui renferment tous les sujets donnés, dans l'année, aux examens écrits de l'un ou de l'autre baccalauréat, dans toutes les académies.

2° Les *Problèmes de baccalauréat*, où se trouvent résolus tous les problèmes énoncés dans ces *Annales* et qui peuvent concourir à former un ensemble de *plans de solutions* complet, c'est-à-dire embrassant les différentes matières sur lesquelles les candidats peuvent avoir à composer.

Les problèmes sont classés méthodiquement sous les en-têtes suivants : arithmétique, algèbre, géométrie, géométrie descriptive, trigonométrie, cosmographie, mécanique ; — pesanteur, acoustique, optique, chaleur, électricité et magnétisme, chimie. Les subdivisions sont faites dans l'ordre du programme.

Au fur et à mesure des rééditions, on remplace les problèmes anciens par de nouveaux, de manière à maintenir les *Problèmes de baccalauréat* en concordance avec le niveau de l'examen, qui va sans cesse en s'élevant.

ANNALES DU BACCALAURÉAT ÈS SCIENCES. — In-18, avec figures dans le texte.
   Chacune des années 1885, 1886, 1887, 1888 . . . . 1 fr. 50
ANNALES DU BACCALAURÉAT DE L'ENSEIGNEMENT SECONDAIRE SPÉCIAL. —
   In-18, avec figures dans le texte. Chacune des années 1887 et 1888. 0 fr. 60
PROBLÈMES DE BACCALAURÉAT (1,000 problèmes donnés aux examens
   récents des baccalauréats. — **Solutions-types).**
PREMIÈRE PARTIE (**Mathématiques**), par H. VUIBERT, directeur du *Journal de Mathématiques Élémentaires*.
DEUXIÈME PARTIE (**Physique et Chimie**), par EMILE BOUANT, ancien élève de l'école normale supérieure, agrégé des sciences physiques, professeur au lycée Charlemagne.
Un fort volume in-8°, avec figures dans le texte . . . . 7 fr. »
On vend séparément chacune des parties au prix de . . . . . . 3 fr. 50
PROGRAMME du baccalauréat ès sciences . . . . 0 fr. 30
PROGRAMME du baccalauréat de l'enseignement secondaire spécial. 0 fr. 30

JOURNAL
DE
MATHÉMATIQUES ÉLÉMENTAIRES
(13° année)
À L'USAGE DES ASPIRANTS AU BACCALAURÉAT ÈS SCIENCES
ET AU BACCALAURÉAT DE L'ENSEIGNEMENT SECONDAIRE SPÉCIAL
ET DES CANDIDATS AUX ÉCOLES DU GOUVERNEMENT
(Mathématiques, Physique, Chimie et Histoire naturelle.)
Directeur : H. VUIBERT

Le *Journal de Mathématiques élémentaires* est un précieux auxiliaire pour les candidats aux Baccalauréats et aux Écoles du Gouvernement. Il fait naître entre eux une noble émulation, qui, en stimulant les efforts de chacun, favorise les progrès de tous.

Les problèmes qui nécessitent une solution sont livrés aux recherches des abonnés, qui ont vingt jours pour envoyer leur travail à la Rédaction. Les meilleures solutions, corrigées et complétées au besoin, sont insérées, avec les noms de leurs auteurs ; les autres bonnes copies sont signalées à la suite.

Le *Journal de Mathématiques élémentaires* est le compagnon d'études des élèves de sciences. Il publie les différents sujets d'examens et de concours et tient les intéressés au courant de tout ce qui a trait à leur examen. Il reproduit les dessins donnés aux candidats aux écoles. Enfin, il donne, surtout pour les élèves de l'enseignement spécial, un grand nombre d'épures, de questions de mécanique, de physique, de chimie, etc., etc.

Le journal paraît le 1er et le 15 de chaque mois, sauf pendant les mois d'août et de septembre. Chaque numéro se compose de 8 pages in-4°, à deux colonnes, avec figures et épures dans le texte.

Les abonnements sont annuels : ils partent du 1er octobre et expirent le 15 juillet. A quelque époque de l'année que l'on s'abonne, on reçoit tous les numéros parus depuis le 1er octobre précédent. Adressez les souscriptions à la librairie Nony et Cie.

	FRANCE	ÉTRANGER
Prix du numéro	0 fr. 30	0 fr. 35
Prix de l'abonnement annuel . . .	5 fr. »	6 fr. »

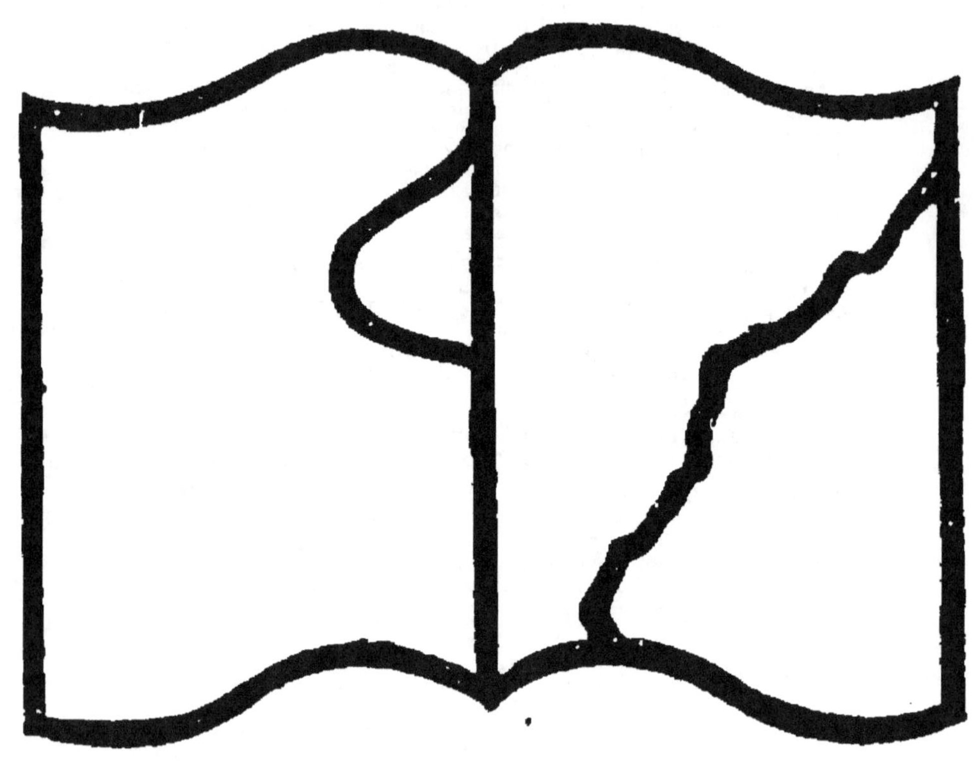

Texte détérioré — reliure défectueuse
NF Z 43-120-11

ÉCOLES SPÉCIALES (Sujets de concours pour l'admission aux)
Chaque année (à partir de 1880), pour chaque école. . . . . 0 fr. 40
Il a été publié les concours relatifs aux écoles suivantes :
Arts et Métiers (Aix, Angers, Châlons-sur-Marne). — Centrale. — Forestière.
— Hautes études commerciales. — Institut agronomique *(1888 seulement)*. —
Mines de Saint-Étienne. — Navale.
Normale secondaire de Sèvres.
— spéciale de Cluny.
— supérieure.
— — d'instituteurs (à Saint-Cloud).
— — d'institutrices (à Fontenay-aux-Roses).
Physique et chimie industrielles. — Polytechnique.
Ponts et Chaussées (cours préparatoires).
— (places d'élèves externes).
Saint-Cyr. — Vétérinaires *(1887 et 1888 seulement).*

GUIOT (H.), peintre, professeur au lycée et aux écoles normales de Chaumont, et
PILLET (J.), professeur à l'école des Beaux-Arts, à l'école Polytechnique, à
l'école des Ponts et Chaussées, à l'école d'Architecture, inspecteur de l'enseignement du dessin, etc. — **Le dessin de paysage**, étudié d'après nature.
2e édition — Un bel album, gr. in-8°. . . . . 3 fr. 50
Ce remarquable ouvrage intéressera les amateurs, mais il s'adresse tout particulièrement aux candidats à Saint-Cyr : il a été fait pour eux.
Ces derniers y trouveront, outre la théorie du dessin et de la perspective, la reproduction des paysages donnés aux examens de Saint-Cyr, avec l'indication des différentes phases par lesquelles le dessin doit passer.
L'ouvrage est divisé en 32 leçons graduées et conduit insensiblement l'élève des premiers éléments aux études d'ensemble.

INSTRUCTIONS ET CONSEILS SUR L'EXÉCUTION DES ÉPURES ET SUR LE LAVIS.
4e édition. In-18, avec 28 figures dans le texte . . . . 1 fr. »
Cette brochure, écrite par une sommité de l'enseignement du dessin, rendra les plus grands services aux jeunes gens qui apprennent le dessin graphique ; elle est indispensable à ceux qui se destinent aux écoles où l'on demande épure ou lavis.

JAMET (V.), docteur ès sciences mathématiques, professeur au lycée de Nantes.
— Essai d'une nouvelle Théorie élémentaire des logarithmes (1888).
In-8°. . . . . 0 fr. 60

PIALAT (R.), ingénieur civil, ancien élève de l'école des Mines de Saint-Étienne.
— Caractères des sels métalliques, à l'usage des candidats au Baccalauréat de
l'enseignement spécial et aux écoles du gouvernement. 2e édition. In-18. 2 fr. 50
L'auteur étudie les bases et les acides minéraux au point de vue des généralités, des caractères par voie humide et des caractères par voie sèche. Les élèves qui le suivront seront conduits avec sûreté à réussir leurs manipulations.
Des tableaux qui terminent l'ouvrage résument une *Méthode à suivre pour déterminer la base et l'acide d'un sel métallique soluble dans l'eau.*

PROGRAMMES (Baccalauréat ès sciences complet, Baccalauréat ès sciences
restreint, Baccalauréat de l'enseignement secondaire spécial, Baccalauréat ès lettres, Saint-Cyr, Navale, Polytechnique, Centrale, etc., etc.)
— Chaque programme, in-18 . . . . 0 fr. 30

REBIÈRE (Alphonse), ancien élève de l'école Normale supérieure, professeur
agrégé de mathématiques au lycée Saint-Louis. — **Conseils aux candidats à
Saint-Cyr et aux autres Écoles. — In-18** . . . . 1 fr. 25
Tous les étudiants en mathématiques élémentaires, candidats aux Écoles ou simplement au Baccalauréat, liront avec plaisir et grand profit la brochure que leur destine M. Rebière. Les professeurs eux-mêmes y trouveront d'utiles indications pédagogiques et d'intéressants détails sur l'organisation des cours préparatoires dans les grands lycées.

RELATIONS ENTRE LES ÉLÉMENTS D'UN TRIANGLE (au nombre de 230) 0 fr. 40

TARTINVILLE (A.), ancien élève de l'école Normale supérieure, agrégé des sciences
mathématiques, professeur au lycée Saint-Louis. — **Théorie des équations
et des inéquations du premier et du second degré à une inconnue**, à
l'usage des aspirants au Baccalauréat ès sciences et au Baccalauréat de l'enseignement spécial, des candidats aux écoles du gouvernement et des élèves
des écoles normales. Grand in-8° . . . . 3 fr. 50
Ce Traité aplanit toutes les difficultés que rencontraient les élèves dans l'étude un peu aride de la fonction du second degré.

TARTINVILLE (A.). Cours d'arithmétique. *(Paraîtra en mars 1889.)*
Ce Cours est surtout *théorique* et s'adresse aux bons élèves de mathématiques élémentaires. Il intéressera aussi les professeurs.

VUIBERT, directeur du *Journal de mathématiques élémentaires.* — **Questions de
mathématiques élémentaires.** — Grand in-8°, avec figures dans le texte. 6 fr.

IMPRIMERIE ET LIBRAIRIE CENTRALE DES CHEMINS DE FER. — IMPRIMERIE CHAIX,
RUE BERGÈRE, 20, PARIS. — 21568-10-8.

Librairie NONY & Cie, 17, rue des Écoles, à Paris.

MATHÉMATIQUES SPÉCIALES ET ENSEIGNEMENT SUPÉRIEUR

ANNALES DE LA LICENCE ÈS SCIENCES (Mathématiques, physiques, naturelles). — Sujets donnés aux trois licences dans toutes les Facultés. Chaque session, à partir de juillet 1888 . . . . 1 fr. 50

ANNALES DE L'AGRÉGATION DES SCIENCES MATHÉMATIQUES.
(Programme publié à l'avance. — Composition du jury. — Épreuves préparatoires. — Sujets de leçons, pour chaque candidat. — Épreuves définitives. — Agrégés nommés.)
Années 1876 à 1888 . . . . 6 fr. 50

ANNALES DE L'AGRÉGATION DES SCIENCES PHYSIQUES ET NATURELLES. *(En préparation.)*

ANNALES DE L'AGRÉGATION DE L'ENSEIGNEMENT SECONDAIRE SPÉCIAL (sections scientifiques) . . . . *(Sous presse.)*

BOURSES DE LICENCE (Sujets donnés au concours pour l'obtention des)
Licence ès sciences mathématiques, de 1880 à 1888 . . . . . 2 fr. »
   Id.   physiques, de 1880 à 1888 . . . . 2 fr. »
   Id.   naturelles, de 1880 à 1888 . . . . 2 fr. »

GARIEL (C. M.), membre de l'Académie de médecine, ingénieur en chef des Ponts et Chaussées, professeur à la Faculté de Médecine et à l'École des Ponts et Chaussées. Études d'optique géométrique, DIOPTRES, SYSTÈMES CENTRÉS, LENTILLES, INSTRUMENTS D'OPTIQUE. — Un vol. gr. in-8°, avec figures dans le texte . . . . 5 fr. »
Cet ouvrage s'adresse à toutes les personnes qui veulent être au courant des questions d'optique géométrique ; il rendra de réels services aux candidats à la licence ès sciences physiques et à l'agrégation, ainsi qu'aux élèves de la classe de Mathématiques spéciales.

RÉMOND (A.), ancien élève de l'École Polytechnique, professeur de mathématiques spéciales à l'école préparatoire de Sainte-Barbe. — Résumé de Géométrie analytique A DEUX ET A TROIS DIMENSIONS, à l'usage des candidats aux Écoles Polytechnique, Normale, Centrale, des Ponts et Chaussées, des Mines, Forestière et Navale. 2° édition. In-8°, avec figures dans le texte 4 fr. »
Cet ouvrage est excellent pour la révision du cours, et précieux à l'approche des examens.
Les paragraphes que peuvent laisser de côté les candidats à certaines écoles sont marqués par des astérisques.

RIVIÈRE (Ch.), ancien élève de l'École Normale, docteur ès sciences physiques, professeur au lycée Saint-Louis. — Problèmes de physique et de chimie A L'USAGE DES ÉLÈVES DE MATHÉMATIQUES SPÉCIALES. In-8°.
(Paraîtra en avril 1889).
Cet ouvrage est destiné principalement aux candidats à l'École Normale supérieure et à l'École Polytechnique. (Ces derniers doivent s'attendre maintenant à avoir à l'examen des problèmes de physique.)
Dans le recueil en préparation, on trouvera, notamment, la solution des problèmes donnés aux concours d'admission à l'École Normale supérieure et aux Concours généraux de mathématiques spéciales depuis une trentaine d'années.

POUR PARAITRE EN FÉVRIER 1889

MATHÉMATIQUES ET MATHÉMATICIENS
PENSÉES ET CURIOSITÉS

Recueillies par

A. REBIÈRE

Ancien élève de l'école normale supérieure, agrégé des sciences mathématiques,
Professeur au lycée Saint-Louis.

Un magnifique vol. in-8°, imprimé sur papier de Hollande ;
Titre rouge et noir : 7 fr. 50.
Il est fait, dans le même format, une édition d'étude. Prix : 3 fr. 50.

TITRES DES CHAPITRES :

MORCEAUX CHOISIS ET PENSÉES. — VARIÉTÉS ET ANECDOTES. — PARADOXES ET SINGULARITÉS. — PROBLÈMES CÉLÈBRES ET CLASSIQUES. — PROBLÈMES FRIVOLES ET HUMORISTIQUES. — NOTE BIBLIOGRAPHIQUE.

POUR PARAÎTRE EN FÉVRIER 1889

MATHÉMATIQUES
ET
MATHÉMATICIENS

Pensées et Curiosités

Recueillies par

A. REBIÈRE

Ancien élève de l'école normale supérieure,
Agrégé des sciences mathématiques,
Professeur au lycée Saint-Louis.

Un magnifique vol. in-8°., imprimé sur papier de Hollande;
Titre rouge et noir : 7 fr. 5o.
Il est fait, dans le même format, une édition d'étude.
Prix : 3 fr. 5o.

La première partie du livre, la plus longue et la plus importante, est formée de morceaux choisis sur les principes, les méthodes, la philosophie, l'enseignement et l'histoire des Mathématiques : ils sont extraits des philosophes, des historiens et surtout des mathématiciens de tous les temps. Ces aperçus variés, ces pensées fines ou profondes ouvriront aux étudiants en mathématiques des horizons nouveaux.

Quittant ensuite les hautes généralités et les abstractions, nous nous reposons en considérant la Science et les Savants à un point de vue familier, biographique et anecdotique.

Nous arrivons enfin aux paradoxes et aux singularités qui piquent la curiosité et où se trouve souvent un grain de sagesse.

L'ouvrage se termine par un tableau des problèmes célèbres et classiques, formant le fond des mathématiques élémentaires, et par un choix de ces problèmes de fantaisie que Bachet qualifiait de plaisants et délectables.

IMPRIMERIE CENTRALE DES CHEMINS DE FER. — IMPRIMERIE CHAIX,
RUE BERGÈRE, 20, PARIS. — 2744-2-9.

www.ingramcontent.com/pod-product-compliance
Lightning Source LLC
LaVergne TN
LVHW012054030726
842523LV00002B/522